増訂版
病院経営の健全化と継続性を創る財務管理体制
財がなくては事業は続かず、事業なくては人は育たず

編著：日本経営ウィル税理士法人
病院財務事業部

本書は経営管理の視点から財務管理の内容を中心としており、税法、会計監査における取り扱いについては別途異なる判断が必要な場合があります。したがって、年次決算における実際の税務、会計処理については顧問税理士、公認会計士、監査法人にご相談ください。また、本書は参考としての書籍であり、病院経営の健全化等を保証するものではないことをご了承ください。

増訂版発行にあたって

　2017 年 10 月に前作『病院経営の健全化と継続性を創る財務管理体制』を上梓してから約 3 年が経過しました。

　前作の「はじめに」でも記した通り、本書は経営環境が厳しくなってきている医療機関、とりわけ病院の転ばぬ先の杖となってほしいという願いから、私どものこれまでの取り組みや実績から得られた暗黙知を形式知として編纂したものです。かなり経営実務を重視した現場のテーマを取り上げているため、幅広い医療従事者にお読みいただく書籍というより、財務管理に課題を抱え、改善の必要性に迫られている方々が手に取り、その支援や道標になればよいという思いが込められています。

　そしていざ発刊してみますと、財務の大切さ、財務管理に力を入れる意味が理解できた、という経営陣の方々からのお声を数多く拝聴することができました。筆者の想定を超えて、病院経営に携わる方々にもその重要性を実感していただけたことを幸甚に存じます。

　前作の内容は、どちらかといえば損益思考に傾注した内容でしたが、ますます先行きが不透明になる医療の外部環境にあって、一部の改訂にあわせ、「財務諸表を活かし、中長期で経営をとらえ、未来に活用していくための BS（貸借対照表）思考を養う」章を加筆すべきだと考え、増訂版を刊行するに至ったのが本書です。

　月次の損益をタイムリーに正しく把握し、経営判断に資すること。病院という施設を、病棟別や診療科別などの現場に即した単位にまで細分化して損益を把握すること。現場の方々と改善方法について討議する継続した場をもつこと。そうしたことの重要性は前作で記

述してきた通りです。今増訂版はそれらを活かしつつ、さらに勤務する医師の人事評価にまで活用している事例も追加しています。

　こんな時代だからこそ、目先の損益状況の検証だけでなく、組織がこれまで積み上げてきた財産、債務の状況と、その状況を踏まえた中長期の経営判断が重要だと考えています。

　短期的な業績のみに目を奪われた経営判断は、未来の経営の可能性を棄損しかねません。自法人の現状について、正しく財務諸表を分析し、正しく財務体力を理解した上で行う経営判断は、未来の経営に必ず資するものになると考えています。そのため今回は、第4章、第5章を追加して、経営者、管理スタッフが養っていただきたい財務諸表分析の視点を盛り込んでいます。前作に引き続き、本書が混迷の時代の皆さまの道標になれば幸いです。

2021年2月

日本経営ウィル税理士法人 病院財務事業部

著者一同

【目　次】

はじめに

病院経営に財務管理が求められている背景

　私たちが病院から相談を受けた際に実感するのは、直面する課題を、正確な財務指標により判断していないケースが多いことです。経営が悪化する原因は、過剰投資、放漫経営、多角化による失敗等さまざまありますが、財務諸表を振り返ってみれば、必ず過去にその予兆が表れている時期があります。その段階で手を打たなければ、窮境に至るのは自明の理であったともいえます。

　では、なぜ未然に防ぐことができなかったのでしょうか。現場で数多くの経営改善を行ってきた私たちが実感してきたことは、病院では現場を優先するあまり、財務管理に基づく運営が実践されていないことです。確かに命を救う現場において、損得勘定は後回しです。しかしながら、その命を救う病院を永続させ、そこで働く人たちの生活を守り、地域に安定と安心をもたらすには、財務体力を強化し安定的な経営基盤が必要なことも、間違いのない事実です。かの二宮尊徳の「道徳を忘れた経済は、罪悪である。しかし、経済を忘れた道徳は、寝言である」はまさに正鵠を射た名言だと私たちは考えています。

　それでは、財務諸表や経営指標がなぜ有効に経営に活かされていないのでしょうか。そこには、病院の経営において３つの大きな課題があると私たちは考えています。１つ目は、財務諸表や経営指標がタイムリーに、また、正確かつ効果的に現場にフィードバック

されないこと。2つ目は、そのデータから起きている事象への対応策を見出す機会や場がないこと。3つ目は、データが示す中長期のメッセージを読み解く者が組織に存在していないこと。この3つの課題が、知らず知らずのうちに、病院の経営を窮境の淵に追いやっているのではないでしょうか。

　本書は、このような原因で地域の病院が失われることがないように、少しでも多くの方へ正しい財務管理の方法を伝えたいと考え執筆したものです。また、これまで多くの理事長・経営陣の方々と私どもが議論し、経営課題に立ち向かった軌跡でもあります。医療・介護業界では、より厳しい経営環境が待ち受けていると予想されています。その中で多くの理事長や経営陣の方々が、困難な経営課題に直面していくことになるでしょう。その際に、本書が道標となり、困難な時代を切り拓いていく一助になれば幸いです。

　なお、本書では病院経営に専ら携わる方を理事長・経営陣として表記していますが、民間病院とは経営形態や手法の異なる公的病院におかれましても十分にご活用いただける内容になっておりますので、理事長を病院長に置き換えお読みいただきたく存じます。

本書における「財務会計」と「管理会計」の位置づけ

　私たちが定義する「財務会計」と「管理会計」の位置づけは以下のとおりです(図0-1)。財務会計と管理会計の境目となる部分が、病院において財務体質のレベルアップを図ることができる箇所であると考えています。

　この大減収時代を乗り越えていくために、必要なことはなにか。そのキーワードは、「予算策定」「中期経営計画」だと考えています。予算を立てている病院とそうでない病院、中期経営計画を策定して

いる病院とそうでない病院。

　今の時代、有事の際に、指針となるバロメーターがあるのとないのとでは、経営の意思決定に大きな差が出ています。これからの時代を乗り越えていくために、予算、中期経営計画といった俯瞰型の管理会計の重要性を初版以上により重点的に理解をしていただきたく、増訂版をお読みいただければと思います。

図 0-1【「財務会計」と「管理会計」の位置づけ】

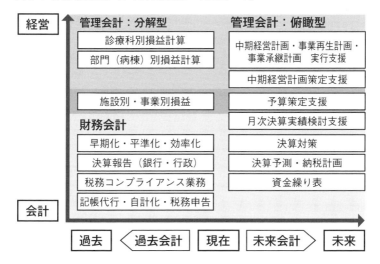

「財務状況は安定していれば安定しているほどよい」。

これは100人の経営者に問いかけると100人が全員回答することだと思います。有事の際のために内部留保を蓄える。利益は未来費用である。さまざまな言葉で表現されてはいますが、昨年（2020年）ほど「経営ではどんなことが起こるかわからない」ということを教えられた年度はないと思います。

4月以降の1年間の経営のかじ取り自体が、これまでの蓄積で賄えた病院もあれば、そうでない病院もあると思います。こうした事態でも問題なく運営できる、経営できる財務体質にしておく必要があるということは、心にとどめておきたいものです。

さて、この1年間、筆者がかかわってきた病院がどのような事態に陥ったのかを紹介したいと思います。そのなかで、「あぁ、本当にこれまで伝えてきたことは無駄ではなかったのだな」と感じることがありましたので、ぜひ皆さまに目を通していただければと思います。

1 資金繰りの目立て

2020年4月16日、緊急事態宣言が全国に拡大され、世の中が一変しました。同時に日常の平衡感覚を失われ、誰もが経験したことのない事態に見舞われました。そうした中、各医療機関では新型コロナウイルス感染症に対してどのように対応していくのかの協議がなされて、同時に、このままで「経営は大丈夫か」という考えが経営者の脳裏をよぎりました。

「一体いくらあれば経営は大丈夫なのか」「どのぐらいで資金は

ショートするのか」——。春先の経営者の誰もが頭を悩ませていたと思います。そうしたときに、「今年度の予算」「中期的な経営計画」があった病院については、その予測値を入れ替え、「●●百万円ぐらいが必要になります」、という回答を即座にはじき出すことができていました。

筆者にも連絡が入り、「●●百万円ぐらい融資が必要だが、それで問題ないか」というお客さまからの内容に対して、共通の認識をもてていたことは間違いなく、それは、計画がしっかりと練られていたからに他ならないと思っています。結果的に、そのお客さまは、ほぼ6月（ちょうど3月決算が終了のタイミング）までには、対応策が明確に示されました。

キーワード：予算策定・中期経営計画

2 経営指標と月次試算表と公のデータ比較

2020年の第1四半期はどの病院でも業績の落ち込みが顕著でした。同時に迫ってくる問題が夏季賞与で、「いつまでこのような状態が続くのか」「賞与は減額した方がよいのか」などさまざまな考えが交錯したことと思います。

本書で増補した章に記載していますが、損益（短期）視点の問題点が顕著に表れた瞬間だと思います。前述の状況を含めることになりますが、第1四半期については、日本病院会、全日本病院協会、日本医療法人協会の3団体が6月5日に公表した「新型コロナウイルス感染拡大による病院経営状況緊急調査」により、ある程度の状況が明らかになりました。その情報と自院の経営情報（経営指標や月次試算表）とを照らし合わせて、現場がどれだけの不安の中で対応をしているかを読み取り、労い、そして意思決定をしていくとい

う経営者の方々の姿は大変勇敢なものであり、また、尊いものであったと思います。

キーワード：経営指標・タイムリーな月次決算

3 管理体制の徹底＝経営のスピード感

戦略の妥当性と管理の徹底具合が経営の質を高める、と私たちはよくお客さまにお伝えしています。その意味で、管理体制の徹底度合いが、結果として有事の際の組織におけるスピード感に表れたのではないかと感じます。

まだどこかで、「なんとかなるだろう」という感覚や、「当事者意識がない」といった場面にも出くわしましたが、一方で、「なんとかしなければならない」「医療機関として、この地域を守らなくてはならない」「必要な資源は惜しまず投下しろ」、さらに、「今期で必ずコロナの影響は取り返すのだ」「あとどれぐらいだ」といったトップの姿が見られる病院では、結果的には年度末を迎えるにあたり劇的なV字回復（昨年度同水準）を遂げ、経営を正常な状態にまで戻しているケースがあることも事実です。

「コロナだから……」ではなく、決めたことはきっちりと実施し、必要なことにはしっかりと対応をする。当たり前のことを当たり前にやっていたその経営者の姿は、職員一同が見習い、その背中を後押しするように一丸となってこの危機を乗り越えています。

キーワード：管理体制の徹底

第1章

月次における
財務管理体制

第1章は、現状を素早く、正確に把握するための月次決算について記載しています。月次試算表は、決算業務や経理業務のためだけに利用され、経営の意思決定に活用されていないことが見受けられます。しかし、窮境の序章は、すでにこの月次単位での数字の変化に明確に表れています。月次試算表は、管理部門が膨大な原始資料を整理し、多大な時間を投入して一つひとつの経済取引を仕訳に起こし、一覧表に集計したものです。つまり、事業で今何が起こり、どんな変化があったのかを俯瞰するのに、これほど適している資料はありません。医療現場におけるバイタルサインの確認と思っていただければよいと思います。

　そして、この確認は、素早く行わなければ意味がありません。締日から月次試算表をまとめるのに1カ月もかかっていては、状況を改善することはできません。また、正確でなければ意味はありませんし、正確さの定義を明確にしておかなければなりません。経営判断を誤らせることのない正しさが重要です。

　それには、徹底した発生主義の考え方に基づいて、現場資料の整理だけでなく、管理フローそのものを見直す必要があります。これらの方法論について、数多くの現場改善事案からノウハウを整理してまとめたのが本章です。

　「月次決算を実施するためには、どのようなことが重要であるか。筆者は純粋に経営者に月次決算が重要であるとの認識を持っていただく他に方法はないと思う。経営者が『数字で経営する』という認識を持てるかどうかにかかっている。」（日本管理会計学会　スタディ・グループ　「医療機関におけるマネジメント・システムの導入とその成果に関する研究」より）。

　この章は理事長・経営陣だけでなく、管理部門の現場の方々にもぜひ読んでいただきたいと考えています。

月次決算が事業の要

　月次決算という言葉はなかなか聞き慣れないかもしれませんが、私たちは非常に重要視しています。「左を制する者は世界を制す（ボクシング）」や「リバウンドを制する者はゲームを制す（バスケットボール）」ではありませんが、「月次決算を制するものは経営を制す」といっても過言ではありません。

　さて、決算という言葉は耳にしたことがあると思いますが、基本的にはそれを月次単位で行うことを月次決算と表現しています。ただし、月次決算とは、単純に集計期間を「年」単位から「月」単位ですることだけではありません。月次決算には、病院の経営成績を表すために収益・費用を迅速かつ正確に集計し、経営管理に必要な情報を作成・分析することが求められます。また、正確な月次決算であればあるほど、年次決算を容易に行えます。継続性の観点から、会計処理は年次決算と同様の会計処理を行う必要がありますので、月次決算が12回で1年の決算になっていきます。

　さらに経営管理では、月次決算を通じて施設単位（病院、介護老人保健施設、その他居住系施設、診療所等）や事業単位（医療、介護〔訪問系、通所系〕、予防〔健診、ドック〕）で毎月の業績を把握し、過年度対比、予算対比の検証を行い、タイムリーに次の一手を考え、実行に移すことが重要です。

1）病院における経理（経営管理）の役割

　病院における経理機能は、下記のようにさまざまな業務を担っています。

　　①窓口現金の収納業務
　　②現金・預金の管理
　　③業者への支払い
　　④職員の経費の精算（交通費等）
　　⑤会計ソフトへの入力　等

　もちろん、こうした日常業務は、組織において大変重要かつ不可欠なものです。ただし、求められる経理の役割は別にあります。経理は「経営管理」の略称ともいわれています。病院の経営状態を把握し管理する業務が本来の役割として求められています。

　会計情報は、資金がどのように使用され、結果どの程度の利益を生み出しているかを数値に表すものです。これらの情報は、理事長や経営陣はもちろんのこと、病院を運営する部門長や主任クラスに活用されることで、より意義のある情報になります。病院の現状を把握し、課題を可視化することで、限られた経営資源をどのように活用するべきかが明確になります。

　会計情報を経営の羅針盤として活用するためには、経理が単なる作業として会計情報を扱うだけではなく、経営管理に活かされるべき情報であることを認識することが何よりも大切になります。

　・経理は「経営管理」の略称
　・経営管理とは、経営状態を管理すること

※経営管理に利用する会計が管理会計ですが、第2章で詳述します。

　会計情報には、病院で起こっているさまざまなことが数値として集約されてきます。会計情報を一つひとつ丁寧に紐解いていくと、現場で起こっていることについて、過去、現在、未来にわたってつながっていることを認識することができます。つまり、病院の過去を振り返り、現状を捉え、未来を見据えることで、経営を俯瞰できるものが会計情報です。

　経理の本来の役割は、このような会計情報を理事長・経営陣に提供することにあるといえます。

2)　自計化と試算表の早期化

　自計化とは、「会計業務を効率化し、病院内で経理処理を完結させる」ことです。

　会計を自計化するメリットは、以下の点にあると考えられます。

①病院の経営状態をリアルタイムに把握できる。
②数値の発生原因について確認・追跡することができる。

　自計化することで、病院内で会計情報を素早く集計・分析できるようになり、現状把握や経営方針のタイムリーな見直しなどの意思決定を早く行うことが可能になります。また、詳細な経理処理の内容が把握でき、会計処理の誤りが減少するほか、一時的に不明な入出金や取引があっても、内容を把握でき対応することが可能となります。

また、借入金が多く資金管理の必要性が高い病院では、資金繰り表の作成やキャッシュフロー計算書の作成により、借入金の返済を含む資金の流れについて随時把握することができます。ただし、どちらかといえば、自計化がきちんとできていないからこそ、資金繰りが厳しい状況になっているというケースが少なくありません。

　自計化することで、①経理担当者の入力の事務作業が増える、②会計ソフト・システムなどの設備投資が必要という側面はありますが、経営管理の観点からは自計化は必須であるといえます。

自計化をうまく組織に定着させるポイント

①現状の経理業務全般のプロセスについて見直し、無駄な作業や効率化できる作業を洗い出すこと。

②経理業務全般の業務フローを作成し、会計体制の基盤を構築すること。

③委譲できる業務やまとめることができる業務がないか、管理部門全体でミーティングをすること。

　自計化することの最大のメリットは月次決算の早期化です。常に変化する経営状況に素早く対応するためには、自計化を進め、早期に経営状況を把握することが求められます。月次処理が遅滞すると月次決算が遅れ、現在の経営状態が良いのか悪いのかが判断できません（理事長の多くは、日次の経営管理指標から、ある程度の損益状況について推測していますが、その結果確認の意味を含めて月次決算は非常に重要です）。

　また、直近までの経営状態が正確にわからない状況では、新たな投資や資金繰りなどに問題はないかの経営判断が十分に行えませ

ん。結果として、意思決定が後手になり、経営環境の変化に適切に対応できずに経営状況が悪化したり、税務的なメリットを享受できるような投資機会を逸する可能性もあります。他にもさまざまなケースがありますが、月次決算の早期化が組織において重要であることはご理解いただけたと思います。効果的かつ効率的な自計化を実現し、早期の月次決算を行い、経営に活かせる会計情報としての月次決算を実施しなければなりません。

現場の勘所① 経理の役割の定義

　経理は「経営管理」の略語であり、本来の業務は、単なる会計の処理ではなく経営の管理を行うことであると本書では伝えています。それぞれの組織において経理のレベルが経営管理のレベルを表しているといっても過言ではありません。正しい数値を適切なタイミングで把握できる体制づくりが、改善活動に向けた第一歩となります。

　経理に求められている業務を以下の「質（しつ）」と「時（とき）」という軸を用いて、それぞれ果たすべき内容を以下に示します。

質	●自計化：数値を組織のものとする（他に任せない） 　⇒アウトソーシングをすると早くても２カ月前後かかる ●早期化：より早く課題を発見する（問診する） 　⇒重症化を予防をするためには、早期発見が要 ●適正化：より正確に作成する 　⇒事務部門の連携（チームプレイが必要） ●細分化：施設、事業、部門、個人、と把握する単位を現場に近づける 　⇒責任を明確にする

時	●単　月：最低限の会計期間 　⇒現場の動きが反映されるように ●累　計：基本的な会計単位 　⇒今期の結果を正確に予測する ●時系列：経営のトレンドを把握する 　⇒上昇傾向か下降傾向かを判断する ●前年比：同じ時期との比較 　⇒季節変動等を調整して把握する ●未　来：見えている未来を可視化する 　⇒未来への対応を検討する

適切な場面で的確な情報を提供することが、経営判断にとっては何よりも重要なことだと再認識できます。さて、これほど重要な経理「機能」は、組織における経理課のみが担当することでいいのでしょうか。

財務スタッフの役割と管理部門の役割

これまで、経理の役割について述べてきました。私たちは経理については、組織における経理課のみで対応できるとは到底考えていません（ここでいう経理とは、経営管理の方です）。主たる業務（入力作業、会計情報の作成作業）は、経理課が担当することになると思います。ただ、その業務を適切に行うためには、管理部門全体で協力することが必要です（管理部門については後述）。そして、その中心となって動くメンバーを、私たちは財務スタッフと呼ぶようにしています。

財務スタッフは経理スタッフと似て非なるものです。財務スタッフの最大の役割は、「組織の架け橋」になることです。

会計情報は、現場で起こったことを集約させたものであると先に述べました。財務スタッフは、会計情報だけを眺め管理する存在ではありません。財務スタッフは、現場に足を運び、毎日どのようなことが現場で起こっており、どのような課題について現場が悩んでいるかを自身の目で確認し、それらが会計情報に集約されるという意識をもつことが必要です。

日常の業務自体では、日々発生する伝票の作成や、入出金の確認・管理、仕入先への代金の支払い、会計ソフトへの入力作業といった業務を担い、会計情報を提供することになりますが、同じ会計情報でも財務スタッフとして意識をもって提供するものと、そうでな

いものとでは天と地ほどその後の活かし方が異なります。ドラマなどでもよく「経理がなかなか経費を認めてくれない」などと金庫番のような印象が強いのですが、現場をよく知る意識をもった財務スタッフは、組織における人気者であることが少なくありません。

　さて、財務スタッフが中心となって動く管理部門とは一体どのような部門でしょうか。それは、経理課、総務課、人事課、医事課、用度課などからなる部門です。私たちはこの部門をチーム医療ならぬ、チーム事務と定義づけています（図1-1）。

図1-1　【チーム事務】

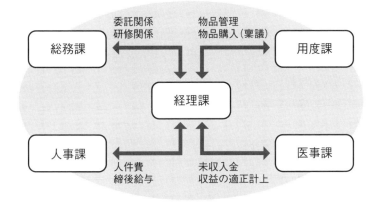

　チーム事務はチーム医療と同様、組織の物事において相互協力しあう必要があります。私たちが理想としている月次決算は、単に経理課が努力すれば成り立つものではありません。チーム事務の全員がそれぞれの役割を適切に果たすことで初めて成り立つものです。

　また、仕事量の多さを経理スタッフだけで抱え込まないことも、スピード感をもって進めるためには大切なポイントです。

ただ、「それぞれの課の役割は今でもきちんとやってますよ」という声が聞こえてきそうですが、その場合はこの質問を返させていただいています。

　「では、あなたがやっている役割（業務）は、なぜそのようにしているのですか？」

　失礼ながら、月次決算がうまくいっていない病院の大半のスタッフは、この問いに対して次のように答えます。

　「先輩（前担当者）からこのようにするよう引き継いでいます」

　おわかりでしょうか。業務の本質を認識しないまま、形骸化したルーチン業務として、ただ作業をしているに過ぎないのです。そのため少し「いつも」と異なったことが生じたときでさえ異常と認識できず、対応が遅れることがよくあります。

　私たちが目指しているチーム事務はそうではなく、「業務の本質をきちんと理解し、適切な処理がなされるよう業務を行うこと」を前提として成り立っています。

　よくある例としては、収益の計上についてです。このような会話になる病院は要注意といえます。

　□日本経営「収益の根拠資料について見せていただけますか。今回なぜこのような数値になっていますか？」

　■経理課「それは医事課からもらった資料なので、よくわかりません」

　□日本経営「なるほど。では、医事課の方に聞いてみましょう」

　□日本経営「収益の根拠資料について見せていただけますか。この数値とこの数値が一致しないのですが、なぜこのような数値になりますか？」

◆医事課「先輩（前担当者）からこことここの数値を足すよう
　にいわれているので、詳しくはわかりません」

□日本経営「ふむふむ。それは困った」

　いかがでしょうか。皆さんの病院でも繰り広げられている会話
になっていませんか。これでは、理事長・経営陣が納得する会計情
報を提供することができません。つまり月次決算には程遠いという
ことになります。チーム事務において、それぞれの課の業務を適切
に担うことは当然ながら、その業務が組織運営においてどのような
役割を担っているのか、ひいては経営においてどのような影響を与
えているのかをしっかりと認識してほしいと思います。このような
意識が月次決算だけでなく、さまざまなシーンにおいて現場の課題
を解決してくれることになります。例えば、医業未収金管理（経理
課と医事課）や、資産管理（経理課と施設課）、在庫管理（経理課
と用度課）、定員管理（経理課と総務課）といったことです。

　もうお気づきかもしれませんが、病院経営のあらゆる場面で経
理課が関与することになります。繰り返しになりますが、経理は経
営管理をすることが主たる役割です。

　さて、本筋に戻りたいと思います。財務スタッフの役割につい
ては十分ご理解いただけたと思います。また、財務スタッフだけが
がんばれば適切な財務管理体制ができるわけではないことも、あわ
せてご理解いただいたと思います。以下に記述するような正確な会
計情報を適切なタイミングで理事長・経営陣に提供する必要があり
ます。

①過去から現在までの売上の分析

②過去から現在までの費用の分析

③現在から未来への売上予測

④現在から未来への費用予測

　また、売上や費用の発生源泉を突き詰め、どのような経営状況になっているのか、さらに今後、どのような経営状況になるのかを正確に提言する必要があります。

①各部門の物品管理

②各部門からの納品書・請求書チェック

③現場でのインディケーター

　現場に異常や不正が生じていないか、常に注意しながら費用について意識をもって対応することも重要です。

　これらを経て、ようやく財務スタッフが提供する月次決算の試算表が、理事長や経営陣にとっての意思決定の根拠になります。このように病院の経営管理を適切に行うためには、現場が一体となった運営を行うことが必要不可欠になります。

　さらに高い目線をもつためには、チーム事務の関係性だけでなく、チーム医療も巻き込んだ現場と事務が一体となった運営が必要になります。そのような一体感が、適切な予算設定と毎月のド真剣な進捗管理につながり、日々よい緊張感の中で、お互いが切磋琢磨できる組織環境を作り上げることができるようになります。

翌月 15 日に月次試算表を仕上げるための仕組み

　病院の現場にいる皆さんにとっては、情報は新鮮でなければ意味がないことは、ご承知の通りです。数カ月前の検査結果で治療方針を決定することができないのと同じように、経営方針を決定するためには、タイムリーな情報を得る必要があります。ただし、実際には今でも翌月末や翌々月に試算表が作成されているケースが珍しくありません。それでも病院経営において「翌月 15 日」に月次決算を終えることの必要性は、高い経営意識をもつ病院の共通認識になってきています。

　それでは、翌月 15 日前後に月次決算を完了させるためには、どのようにすればいいのでしょうか。精神論だけでは長続きしませんので、仕組み化する必要があります。

　月次決算を早期化させるためには、次の項目から確認をしていってみましょう。

　①日常処理業務の十分な見直し（分析）
　②医事課を含む他部門とのコミュニケーション量
　③他部門との連携
　④資料の整理状況
　⑤業務フロー・業務分担・業務スケジュール

　このような点が、月次決算を早期化できていない病院において課題となっています。

　他部門との連携は、先に述べたようにチーム事務としての認識が求められる内容なので、詳細は割愛します。

　原理原則ですが、資料整理のポイントを記載します。

①月ごとにまとまっているか。

②取引先ごとに注文書・納品書・請求書がまとめられているか。

③勘定科目ごとに取引相手先・取引内容・金額が把握できるようになっているか。

　資料が整理されていないと経理内容がわからない、金額が確定しないなど、会計業務全体の滞りや、経理処理のミスが起こりやすくなります。その結果、修正等の余分な業務が発生するケースが少なくありません。資料を整理し、証憑書類を漏れなくファイリングすることで正確な会計処理を行い、不明点や疑問点が発生した際にすぐに証憑書類に戻れる仕組みを構築する必要があります。

　業務フローは、「出納業務」→「会計入力」→「チェック業務」→「管理業務」の流れが適切に構築されている必要があります。チェック業務にダブルチェックの仕組みがあると、より安定した仕組みとなります。業務フローが明確になっていないと、本来必要な業務やチェックが漏れるケースや、処理業務が重複するなど、非効率な業務を招くことになってしまいます。各業務が滞らないようにするためにも、資料が届いたらまとめて行うのではなく、すぐに会計処理を行い、内容をチェックできるようなルーチンワークの仕組み化が必要になります。

　業務分担は、医事課から医業売上データ、人事課から給与データなど、各担当部門から会計数値の基礎データを入手できる仕組みづくりが求められます。他部門に業務がわたるときに重要なポイントは「期日」を明確に設定することです。医事課であれば、10日にはレセプトを提出するため、11日には遅くとも情報が提出できるはずですし、人事課については、給与の締め日以降、振込み作業

が完了すれば情報が提出できるはずです。それぞれで明確に期日を設定することが必要です。

　月次決算ができない理由でよくあがってくるのが、①業者の請求書が遅い、②法定福利費が確定しない、だと思われます。

　業者の請求書への対応ですが、原則 10 日までに請求書を発送するように依頼をします。大半の業者は対応してくれます。交渉術として、10 日までに請求書を発行しない場合は、振込みを 1 カ月遅らせるというようにしている病院が以前ありました。なるほど、納得の交渉術です。

　法定福利費についての考え方は、経理が正確な試算表を作成しようという意識が高いがゆえに発生する事象だと思います。これに関しては、以下のどちらかの考え方をとっていただくことをお勧めします。

　①当月支払分（前月分）を当月に計上する。
　②当月分を概算で計上する。

　法定福利費の大きな変動は頻繁にはありませんので、タイムリーな月次決算をすることを優先しましょう。賞与の法定福利費については、後述しますので、そちらを参照してください。

現場の勘所② 　最大の役割は未収がないこと

　さて、「現場の勘所」では、これまで私たちが支援させていただいたお客さまが実施していた、レベルの高い業務内容をお伝えしようと思います。

　まずは、医事課の請求業務です。本文の中で「医事課であれば、

10日にはレセプトを提出するため11日には遅くとも情報が提出できるはずです……」と記載しましたが、毎月6日頃には請求を完了されている医療機関がありました。

　20年ほど前の手書きでレセ請求をしていた時代には10日の期限だったので、電算化された今であれば7日には請求が終わっていて当たり前という風土が医事課の中で醸成されており、業務スケジュールに実際に組み込まれていました。第一報が翌月2日に、そして翌月6日、7日には正しい金額の報告があがっています。ポイントは、「日々レセプトをしっかりと締める」「月末に医師に記載が未了のカルテを持参してお願いする（お願いというよりは、個別に記載内容を確認する）」ことだそうです。当たり前のことですが、「まとめてやってしまおう」と考えがちの現場において、「その日の分はその日じゅうに仕上げてしまう」ということが徹底されているからだと思います。

　仕組みとしては、残業時間をグラフで可視化することで、残業をさせない仕組みを組織として考えていました。結果、レセ期間中であっても残業をしない体制が生み出せています。

　そして極め付けが、現金回収に対する責任感です。法人内の複数施設の医事課長連絡会にて査定減点、返戻の要因報告、異議申請及び復活状況等の情報共有を行い、対応策を協議しています。そして、窓口未収の回収は医事課長の責任として、未収にならないように事前にケースワーカーを介入させるなどの対応を徹底させています。

　万が一、貸倒処理をする場合は、理事会にて1年間の未収内容の報告をし決裁を仰いでいます。やはり医事課はお金を預かる最前線として、徹底した管理をすることが求められていることを実感さ

せられました。

現預金の管理について

　視点は少し変わりますが、他の管理について紹介をしたいと思います。まず現金と預金についてです。現金と預金を同様の扱いで会計処理をしてしまっているケースを見受けることがしばしばあります。管理の観点から、実在性の検証という意味でこの現金と預金は異なります。

　預金は、通帳の残高や残高証明によって実在性を確認することができます。現金は紙幣や硬貨であるため一見実在するように思われがちですが、適切に管理されていない場合（過不足が生じているなど）には、現金の実在性に課題があることになります。

　つまり、現金は自由に動かすことのできる資産であるため、杜撰な管理をしてしまうと入出金の内容不明や不正使途につながる可能性があるということです。

　預金は通帳等によって過去の取引履歴を追跡することで、取引内容や相手先を把握することができます。しかし、現金は取引内容や相手先をその都度、正確に記録しなければ後で把握することが極めて困難になるケースがあります。現金管理は一定期間を区切って管理担当者による現金実査をして、現金残高と突合し実在性を確認することが必要です。

　また、病院の現金管理については、不正防止の観点から、管理担当者と現場担当者を分ける必要があります。現場担当者からは、毎日、会計窓口の現金や売店の現金、各施設で管理している小口現金について金額を把握し報告を受け、管理担当者には、システムから出るデータを基に現金残高について確認を行ってもらいます。こ

こで重要なことは、システムから出るデータを基にするということです。よく現場担当者が作成している資料と突合されるケースがありますが、実は何の根拠にもなっていません。現金に関するトラブルは、世の中にもたくさん生じています。よりよい組織運営をするためには、現金にかかわる仕組みこそ高い透明性が求められます。

　預金については、通帳等に記録が残るため取引内容を確認することは比較的容易です。そのため陥りやすいミスとしては、定型的な取引の場合に処理を誤り、誤ったままの処理が継続されてしまうことが散見されます。ゆえに取引相手や取引内容についての、実態把握を含む適切な管理が求められます。

　このようにそれぞれの取引の特性を認識しながら、現金・預金の管理は帳簿残高と実際残高を突合し期中の増減を確認します。現金・預金について減少が続いているようであれば、減少の要因は何か、どのような原因で資金が流出しているのかを確認すると同時に、担当者にも確認するなど、迅速に対応を行わなければなりません。現金・預金と直接対応する未収金・未払金・買掛金・売上債権・仕入債務等とのバランスを確認し、異常値がないかを確認することで、多角的な視点での管理ができることになります。

買掛金・未払金の納品書・請求書の確認と締め日について

　次に仕入債務（負債勘定）に関する管理についてです。以下、各勘定科目の使用方法について記述します。

表 1-1　【買掛金・未払費用・未払金】

①買掛金	医薬品、診療材料、給食用材料などたな卸資産に対する未払債務
②未払費用	賃金、支払利息、賃借料など時の経過に依存する継続的な役務給付取引において、既に役務の給付は受けたが、会計期末までに法的にその対価の支払債務が確定していない分の金額
③未払金	器械、備品などの償却資産及び医業費用等に対する未払債務

病院会計準則（厚生労働省）より抜粋

　買掛金・未払費用・未払金は、支払期日に取引相手先に確実に支払われるように確認・注意を払わなければいけません。期日までに間に合わないような事象が起こってしまうと、取引先からの信用を著しく棄損してしまいます。一時的に仕入金額が急増し、資金繰りが厳しくなる状況では注意が必要です。

　病院の実務で買掛金を計上するタイミングは、①医薬品等を受け取ったときに計上する受取基準、②医薬品等を検収したときに計上する検収基準の２パターンが考えられます。

　商品代金の支払い義務が発生するのは、納品された品物をチェックするとき（検収印を押印するタイミング）になるため検収の時点で買掛金を計上することが一般的です。ちなみに検収とは、商品が納品され、実際に注文した商品が納品されているか確認し、その商品を正式に受け入れることです。そのため、お互いに発注したもの

が適正に納品されたことを確認して、代金を支払うことを同意した
タイミングで費用化するということです。

　実務上は個々に計上するのは事務手続きが増えるため、請求書
の締め日を設定し、締め日までに受け付けた分を計上するケースが
多いです。

　期中においては特定の取引先からの大きな増減がないか確認し、
異常値がある場合は担当者に取引内容や金額を確認し事態を把握す
る必要があります。このチェック業務は非常に重要であるにもかか
わらず実施されていないケースがあります。

　現場で実施すべきチェックは、①納品があったかどうかの確認、
②請求金額と実際の支払金額との突合、③請求書と会計ソフトへの
入力の突合です。しかしながら、先月と今月の金額の増減に対して
比較検証が行われていないケースがあります。実際にあった例です
が、ある業者の請求内容について、実際の納品に対する突合は実施
できていましたが、金額がいつもより高くなっていることが見落と
されていました。請求書の中身を再確認すると、先月と比べて単価
が明らかに高くなっていることが判明し、問い合わせたところ業者
のミスが発覚しました。ルーチンのチェック業務こそ、本来チェッ
クすべきことが何であるかについて、今一度見つめ直すべき機会か
もしれません。

　また、買掛金等においては資産計上すべきものがないか確認し
なければなりません。取引内容は明細書の詳細まで確認し、すべて
の項目において適切に指定日に支払いができる、会計処理ができる
管理体制の構築が求められます。

3）試算表の適切化

　試算表は、病院の期間損益と財務状況を把握するための会計資料です。試算表を活用して、病院の売上や費用、利益の把握を行います。また、病院の実績検討や予算比較等のモニタリングを行います。そのため、試算表は日々の業績数値を正確に反映したものでなければなりません。

　試算表の適切化は、正確な月次決算により成り立ちます。正確な月次決算とは、現場の実感と試算表の数値が一致していることを指します。わかりやすくいうと、先月よりも今月の患者数が多く現場として忙しい月であったにもかかわらず、売上・利益が先月よりも下がっているといったことがないかどうかです。このことが一概に間違っているとはいえませんが、現場はがんばった分だけ数値がよくなるものだと思っています。往々にして、そうなっていないケースは会計処理が要因になっている可能性があります。

事業別損益による経営管理

　病院経営では、法人全体の損益の把握はもちろんですが、事業（医療・介護・訪問事業等）ごとに損益を把握し、どの事業で利益が出て、どの事業に課題があるのかを正確に把握することが重要です。そもそも病院会計準則と介護老人保健施設会計・経理準則、指定訪問看護の事業の会計・経理準則は異なるため、それぞれ独立した集計が必要であることは皆さんもご存知のことだと思います。

　事業別損益管理を行うメリットとしては次のものがあげられます。

①事業ごとの業績の動向を把握することで、迅速に問題点や課題に対応ができる。

②事業ごとの予算実績管理を行うことで、未達原因を把握し対策を講じることができる。

③利益が出ている事業と不採算事業を明確に区分できる。

④法人全体としての目標や戦略を組み立てることができる。

⑤事業別に売上・限界利益・損益分岐点を把握し、それぞれに適切な経営判断ができる。

⑥事業別の月次損益を活用することで、職員の利益意識・原価意識を高めることができる。

⑦各事業部で採算管理を行うため、経営者意識を高めることができ、次世代のリーダーを育成できる。

　また、事業ごとに策定した事業計画における売上目標や利益目標は、現場目線で設定される必要があります。目標が具体的かつ実現可能性が高くなければ責任は曖昧になり、目標達成のための計画や努力・工夫につながらず、結果として実績管理としては不十分なものとなってしまいます。

　適切な売上目標や利益目標を掲げることで、職員同士で目標が共有化され、目標達成のためには何を行わなければならないか、現場の議論に発展させることができます。

　法人の経営方針や具体的な数値目標は、各事業の集合体である必要があります。当然ながら、法人の経営陣から見て達成しなければならない数値目標と、現場目線で計画した数値目標とでは、乖離があるでしょう。そのため、数値目標すなわち予算を策定する期間は、各事業の長と理事長との間で真剣なミーティングが必要になり

ます。これを繰り返すことが財務体質を強固にする礎となります。

　対象となる集計単位が詳細になればなるほど管理は難しいですが、より立体的な財務管理が実現できることになります（第2章参照）。

本部費の考え方

　法人の規模が大きくなるにつれ、組織的に経営管理・財務管理を行うための専属部門が必要になります。この経営管理・財務管理を行う部門が本部です。

　病院会計準則では、本部費に関し「本部会計を独立会計単位として設置している場合、本部費として各施設に配賦する内容は医業費用として計上するものに限定され、項目毎に適切な配賦基準を用いて配賦しなければならない。なお、本部費配賦額を計上する際には、医業費用の区分の末尾に本部費配賦額として表示するとともに、その内容及び配賦基準を附属明細表に記載するものとする」と規定しています。

　よく見受けるのが本部費を配賦せずにそのまま残している決算書です。これでは、各事業別に試算表を作成していても実態と異なった利益になってしまっています。本部費とは、経営企画・経理・人事・総務・情報システムといった各事業部で発生する共通経費や、法人全体として発生する広告宣伝費、役員報酬等を指します。言い換えると、各事業で個別に抱えるより「規模の経済を活かし、全体で兼用するコストのこと」です。わかりやすい例でいえば、経理がまさにそうです。本部で一括して入力作業をすることと、各事業で経理担当者を1名ずつ配置するのとどちらが効率的でしょうか。

このような性質をもった本部費を各事業に配賦をしていないことは、適切なコストを計上していないことと同義であるため、正しい損益計算書とはいえません。そのため、各事業に一定の基準で配賦する必要があります。配賦する方法には、売上按分や事業規模按分（常勤職員数）などがあります。

試算表の平準化（安定経営の基盤づくり）

　繰り返しになりますが、月次試算表は毎月の経営成績がどのようになっているかを正確に反映しているものでなければなりません。そのために重要なことは比較可能性です。比較可能性とは、いわゆる会計の知識がない方でも、見れば一目瞭然の数値になっているかどうかです。一時的な収益や費用の発生によって月次損益に影響が出てしまうと比較可能性が損なわれてしまいます。月次試算表を作成する際には、主に以下の項目を考慮することで、比較可能性の高い月次試算表の作成が可能となります。

①賞与
②賞与に伴い発生する法定福利費
③労働保険料
④減価償却費
⑤固定資産税等
⑥年払いの地代家賃
⑦年払いの保守料
⑧火災保険料
⑨年払いの生命保険
⑩退職金（定年退職金として見込まれる金額）

　上記は、予算策定の際にある程度金額が把握できる内容であるため、12 カ月で均等按分することが求められます。

　このようにして、できる限り比較可能性が高い月次試算表を作成することができれば、過去の月次推移と比較することが可能になります。結果として、当該月で発生している特殊な項目や傾向が容易に把握でき、業績の動きや進捗が分析しやすくなります。

引当金の計上

　引当金は、以下の項目にあてはまるものを原則として計上する必要があります。

①将来の費用（または損失）であり、当期以前の事象により発生しているもの。

②将来の費用（または損失）であり、発生の可能性が高いもの。

③将来の費用（または損失）であり、その金額を合理的に見積もることができるもの。

　上記項目にあてはまる代表的なものでは、退職給付引当金、貸倒引当金、修繕引当金、賞与引当金があげられます。

4）現場感覚のある経営数値になっているか～正しい収益計上～

　病院会計で、よく問題になるのは「正しい売上の認識」です。これは後述する適切な医業未収金の管理につながるため、きちんと押さえていただきたいポイントです。病院会計準則に則した計上方法かつ発生主義の観点を適切に反映させることがミソです。実務としては医事課の活動報告（医事課の管理指標）に考えをあわせるこ

とがうまく浸透させるコツとなります。

図1-2 【当月の売上の考え方】
A月診療請求分は？（経理としてはA月の売上は？という意味）と
医事課に聞くと、以下の点線囲み＝a点（①＋③＋④）を示すこと
が多い。が、会計上の売上としてはa円（①＋②）が必要。

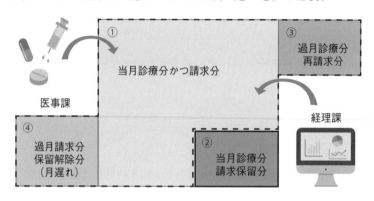

まずは、この前提を押さえてください。現場の職員からすると
当月対応した患者に対する診療行為（医療サービス）は、当然当月
の評価（売上）として認識したいところです。そのため、当月請求
した分については当然ながら計上すべきです。ただ、ここからが医
療業界のややこしい点です。診療はしたものの、さまざまな理由（医
療券の発行待ち、医師の確定診断待ちなど）により請求が当月でき
ないケースがしばしばあります。これを「請求保留」といいますが、
この請求保留が、当月の売上として計上されていないことがありま
す。発生主義で適切な収益を把握するためには、この請求保留の計
上は欠かせません。
　では、多くの病院で行われている収益の計上はどうなっている

か。それが図1-2のa点（①＋③＋④）側になります。

当月の収益＝当月診療請求分＋過月度の返戻再請求・請求保留
分±請求済の返戻・減点相当の入金差額

　ポイントは、医事課から報告がある収益がどのような内容になっ
ているか、把握できているかどうかです。後述の医業未収金のとこ
ろで、このあたりはもう少し詳しく説明していきましょう。
　病院会計準則では「医業損益計算は、一会計期間に属する入院
診療収益、室料差額収益、外来診療収益等の医業収益から、材料費、
給与費、経費等の医業費用を控除して医業収益を表示する。医業収
益は、入院診療収益、室料差額収益、外来診療収益、保健予防活動
収益、受託検査・施設利用収益及びその他の医業収益等に区分して
表示する。」とあります。
　そこで、まずは表1-2に示した各収益項目の内容について見て
いきます。

表1-2 【病院収益の分類】

医業収益	入院診療収益
	室料差額収益
	外来診療収益
	保健予防活動収益
	受託検査・施設利用収益
	その他の医業収益
	保険等査定減
医業外収益	受取利息及び配当金
	有価証券売却益
	運営費補助金収益
	施設設備補助金収益
	患者外給食収益
	その他の医業外収益
臨時収益	固定資産売却益
	その他の臨時収益

①医業収益について

■入院診療収益

・入院患者の診察・療養にかかる患者窓口負担分と各支払機関
　への保険請求分を計上する勘定科目であり、保険診療収入・
　労災収入・自賠責収入・自費診療収入等が含まれます。クレ
　ジットカードを利用する支払いが増えており、クレジットカー
　ドでの収入は、診療時には入金がありません。クレジット会
　社からの入金時は診療収益から手数料を差し引かれた金額が
　入金されます。そのため、収益を手数料が差し引かれる前の
　金額で計上し、手数料を費用として計上します。

■室料差額収益

・特定療養の対象となる特別の療養環境を患者に提供すること
　で発生する収益の勘定科目です。

■外来診療収益

・外来患者の診察・療養にかかる患者窓口負担分と各支払機関
　への保険請求分を計上する勘定科目であり、保険診療収入・
　労災収入・自賠責収入・自費診療収入等が含まれます。

■保健予防活動収益

・各種健康診断、人間ドック、予防接種等の収益を計上する勘
　定科目です。

■受託検査・施設利用収益

・他の医療機関から検査委託を受けた場合の検査収益や設備機
　器等を他の医療機関に貸与した場合の収益を計上する勘定科
　目です。

■その他の医業収益

・診断書等の文書料や施設介護及び短期入所療養介護以外の介

護報酬等を計上する勘定科目です。主治医意見書や診断書の作成料、事務手数料等が含まれます。

■保険等査定減

・社会保険診療報酬支払基金等の審査機関による審査減額を計上する勘定科目です。

②**医業外収益について**

■受取利息及び配当金

・預貯金の利息、公社債の利息、出資金等にかかる分配金等を計上する勘定科目です。

■運営費補助金収益

・病院の運営にかかる補助金や負担金を計上する勘定科目です。

■施設設備補助金収益

・施設設備にかかる補助金や負担金のうち、当該会計期間に配分された金額を計上する勘定科目です。

■患者外給食収益

・職員等患者以外に提供した食事に対する収益を計上する勘定科目です。

■その他の医業外収益

・本業に関係しない取引から発生する収益である自動販売機収益、各種手数料収益、物品販売収益、有価証券売却益等を計上する勘定科目です。ただし、金額が大きいものについては、独立の科目を設けて表示する必要があります。

③**臨時収益について**

■固定資産売却益

・固定資産の売却価額がその固定資産の帳簿価額を超える場合に差額の売上を計上する勘定科目です。

■その他の臨時収益
・臨時に発生する収益であり、保険金収入や償却済債権の回収
に伴う売上等を計上する勘定科目です。

　これらの収益区分のうち、医業収益（本業の収益）が、収益の
大半を占めます。これらの診療収益を請求するのが診療報酬請求明
細書、いわゆるレセプトです。診療報酬請求明細書が、病院経営に
おいて重要な位置づけであることは、なんとなくご理解いただけま
したでしょうか。

5）医業未収金の計上方法と未収管理の具体的事例

　前提として発生主義の考えから医業売上は、診療行為が行われ
た時点で売上として認識します。当月に発生した医業売上のうち、
入金になっていないものについては医業未収金として計上しなけれ
ばなりません。
　医業未収金計上のポイントは、以下のような点です。

①医事課において把握されている保険請求が正確に認識され計
　上できているか。
②市町村からの予防接種料や事務手数料等が正確に認識され計
　上されているか。
③自費診療の未入金について正確に認識され計上されているか。

　医業売上は、収入区分に応じて入院診療売上・室料差額売上・
外来診療売上・保健予防活動売上・受託検査・施設利用売上・その
他の医業売上に分けて計上します。これは、売上の内容を明確にし

てそれぞれの業績推移を把握するためです。

　一方、医業未収金は、請求先ごとに社会保険診療収入・国民健康保険診療収入・介護保険診療収入・自賠責収入・労災収入・自費診療収入等に区分して計上することが一般的です。未収残高がそれぞれの保険請求ごとに入金があったかどうかを管理する上で実務上効率がよいためです。

　社会保険診療収入・国民健康保険診療収入・介護保険診療収入等は請求額と実際入金額に差額が出ることが多いため、査定増減や返戻を含めて医事課と連携し管理を行う必要があります。また、金額的にも大きくなるため、資金繰りの観点からも適切な管理が求められます。

　さて、医療機関の会計の中で、もっとも特徴的な経理処理がこの「医業未収金」です。一般的に医療機関の売上の大部分は、診療報酬（社会保険、国民健康保険、後期高齢者保険）で成り立っていますが、これらの報酬は月末日締め、翌月 10 日までにレセプトを提出、翌々月 20 日から 25 日あたりに入金というルールになっています（図 1 - 3 ）。

　このように、タイムラグが生じるだけであればわかりやすいのですが、経理処理を複雑にしている要因は、レセプト請求時点と入金時点の両方で一般の取引にはあまりない特殊な事情があるためです。

図 1-3 【レセプト請求のタイムテーブル】

返戻・査定・減点の理解

　図1-3・①のレセプトを請求してから入金までの間に、保険資
格内容の誤りや診療内容の疑義照会等、審査側より不適切とされた
レセプトが差し戻されてきます。これを返戻といいます。この返戻
レセプトは、指摘のあった箇所を正しく修正し、翌月以降再請求が
可能です。

　また、「過誤返戻」というものもあります。過誤返戻とは、審査
支払機関での審査（一次審査）を通過し、すでに入金のあったレセ
プトが、実際に医療費を支払う保険者による審査（二次審査）によっ
て不適切とされ、差し戻されるケースです。これは高額レセプトに
よくみられますが、指摘の箇所を修正、もしくは症状詳記などを添
付し、再請求が可能です。

　返戻によって①の請求したレセプトが戻ってくることはわかり
やすいのですが、過誤返戻ではさらに過去の請求分が戻ってきます。
実際、半年以上も前のレセプトが返戻されるケースも珍しくありま
せん。よって入金時は、①の請求額から①の返戻分と、過去の返戻

分が差し引かれることになります。この過去分のレセプトがいつ返戻されるか予測のつかないことが、未収金の計上を複雑にしている要因の1つです。

さらに、審査により、請求したレセプトが「査定」されることがあります。保険診療のルールに照らして妥当ではないと判断された場合に、減点されて入金されることになります。この査定減点は、再審査請求を行うことができ、過剰や不必要とされた診療行為について、その正当性や必要性を異議申請することにより、復点することもあります。

したがって、これらの返戻、過誤返戻、査定減点が発生した場合、診療を行った月より大幅に遅れての入金となることや、一部の診療料は入金されないということが起きてきます。それぞれのケースで、経理処理をどのようにするかについてのルール設定が必要です。

これらのことを踏まえて、次項で具体的な経理処理方法をご紹介します。

モデルＡ【返戻時に仕訳を発生させないケース】

（月末日付の仕訳）

　　医業未収金　　　　　／　　　入院診療売上　　　×××××

（レセプト返戻時）

　　仕訳なし

（入金時）

　　預金　　　　　　　　／　　　医業未収金　　　　×××××

　　保険等査定減　　　　／

※「保険等査定減」には今回請求分と過去請求分の返戻・過誤・査定が含まれています。

（再請求時）

　　仕訳なし

（再請求分入金時）

　　預金　　　　　　　　／　　　保険等査定減　　　×××××

　医業売上計上（上記の場合は入院診療売上）は、常にその月に診療行為を行った金額だけが計上されることになります。医業売上として認められない査定分は、医業売上を減少させるのではなく、「保険等査定減」で調整することで、損益計算書上で医業売上を減少させることになります。

　このケースのポイントは、医事課から経営陣への実績報告と経理からの業績報告が一致する点です。理事長や院長からは、しばしば医事と経理の医業売上の金額が異なるため、どちらが正しいのかがわからないという声を見聞きすることがありますが、この計上方法であれば、その問題を解消することが可能です。

　場合によっては、期中は保険等査定減を用いるのではなく、特

別損失で査定や減点を経理処理することによって医事課との売上を
一致させ、決算時に保険等査定減に振替えている病院もあります。

モデルB【返戻時に仕訳を発生させるケース】

（月末日付の仕訳）

　　医業未収金　　　　　／　　　入院診療売上　　　××××

（レセプト返戻時）

　　入院診療売上　　　　／　　　医業未収金　　　　××××

（入金時）

　　預金　　　　　　　　／　　　医業未収金　　　　××××

　　保険等査定減　　　　／

※「保険等査定減」には今回請求分と過去請求分の査定が含まれています。

（再請求時）

　　医業未収金　　　　　／　　　入院診療売上　　　××××

（再請求分入金時）

　　預金　　　　　　　　／　　　医業未収金　　　　××××

　モデルBのメリットは、「保険等査定減」には査定分のみが計上
されることです。

　デメリットとしては、レセプトの返戻は診療月の翌々月となる
ため、実際の診療月ではなく、返戻月の売上を減少させることにな
ることから、月次の正しい医業売上の計上が困難になること、加え
てレセプトが返戻されたと同時に医事課から経理課へのタイムリー
な連絡が必要となります。

　さて、一般的な医療機関では、次項のような仕訳をしているケー
スが多いようですが、これは簡便法であり、事務処理が簡略化でき

るメリットがあります。しかし医業売上には、再請求分も医業売上
として含まれて計上され、保険等査定減も大きくなります。このケー
スでは、保険等査定減の内訳を補助科目として分けて入力しておく
とよいでしょう。

【簡便法】

(月末日付の仕訳)

　医業未収金　　　　　／　　　入院診療売上　　　　××××

(レセプト返戻時)

　仕訳なし

(入金時)

　預金　　　　　　　　／　　　医業未収金　　　　　××××

　保険等査定減　　　　／

※「保険等査定減」には今回請求分と過去請求分の返戻・過誤・査定が含まれて
　います。

(再請求時)

　医業未収金　　　　　／　　　入院診療売上　　　　××××

(再請求分入金時)

　預金　　　　　　　　／　　　医業未収金　　　　　××××

　簡便法のデメリットは、再請求時に医業売上を再度計上するた
め、本来の医業売上より数字が大きく計上されることになり、業績
が伸びていると誤った理解をする可能性がある点です。また、保険
等査定減も再請求に相当する金額になると考えられます。

現場の勘所③　知っておきたい、収益計上のタイミング

①診療報酬

保険診療収入では、実際の診療を行った月から、入金まで2カ月のタイムラグが生じます。例えば1月診療分について、自己負担分は原則当月入金されるのに対し、保険請求分は、3月の末にならなければ入金されません。その上、入金された金額は、1月診療分の請求額から返戻及び査定減点が差し引かれ、さらに過誤調整された金額であり、また、主に1月診療分の請求であっても、過月度の再請求分や請求保留分が含まれることになります。

したがって、入金見込み額は、入金時点ではなく、医事課によるレセプト請求終了後に、請求点数から自己負担分等を差し引いた金額により計上します（医業未収金勘定）。

②返戻・再請求

審査支払機関から返戻を受けた場合は、内容を精査し、取り下げる内容であれば売上の減少としてすでに計上していた診療売上のマイナスを計上する必要があります。また、再請求した部分については、当月の診療分とは区分して把握しておくことで、重複して売上計上することを避けることができます。

先にも記載したように、現場の経営指標と売上の整合性をとるために、これらの会計処理がキーポイントになります。

③保留

当該月に診療したもので翌月10日までに請求ができないものを請求保留といいます。例えば公費番号の確認ができていない、医師の症状詳記待ちなどがよくあるケースです。売上計上されていないことが一番多い項目です。未収金管理に直結するため、医事課と経

理課のコミュニケーションが重要です。

④患者自己負担分

自己負担分の請求について、入院費自己負担分の請求は、退院時または月末締めで行います。長期入院の多い療養病棟等は月途中（15日、もしくは10日、20日）に締めを行う場合もあります。退院時や月途中で締めている場合は、当該月で入金が見込めますが、月末締めの場合には請求分を未収計上しなければなりません。タイミングが異なる場合であっても管理は統一しておく方がよいでしょう。例えば、原則すべて未収計上し、入金は未収金の取り崩しで実施するなどがわかりやすいと思います。

⑤労災・自賠責

労災・自賠責については、診療にかかる医療費を労災保険や保険会社に請求します。

原則、当該月に発生した分については月末に集計して、未収計上し請求しなければなりません。ただ、自賠責についてはなかなか請求審査が通らないケースがしばしばあり、金額の変更や保険の変更等さまざまなトラブルが発生します。また請求から入金までの期間が請求先によって異なることがあり、可能な限り独立した管理が求められます。

⑥クレジットカードによる回収

医療費の自己負担分や高額医療費の支払いについて、クレジットカードで決済される方が増えています。この場合、診療時に入金がないため、月末に集計し未収計上しなければなりません。月末までにクレジット会社請求分を集計し入金まで管理する必要があります。

未収管理の具体的事例

　ここでは、患者窓口負担金の未収管理と、回収に関しての対処方法を述べます。昨今の患者窓口負担金は、高額医療機器の使用や高度医療技術の進展などによる医療費の高騰傾向を受け増加傾向が著しく、自己負担分の未収も多く発生しています。せっかくの治療行為による医業売上拡大も、代金が回収できなければ医療機関のキャッシュフローに多大な影響を与え、利益は計上できているにもかかわらず資金繰りが苦しい、という矛盾した状況が発生するようになります。また未収金は、時間の経過とともに回収が困難になる傾向があります。

　したがって、病院も患者窓口負担金の回収業務は経営の根幹であるという認識で取り組む必要があります。図 1 - 4 は入院患者の事前、支払時、事後の回収においての対策を体系化したものです。

図 1-4 【入院患者窓口負担金の回収プロセス】

入院前対策			入院時対策		退院時対策		退院後対策	
概算の入院費の説明	の滞納履歴の確認と支払能力の確認	各種制度の紹介と手続き申請支援	限度額適用認定証の提示	連帯保証人の認定	クレジットカード決済の導入や返済方法の相談	回収員による家庭訪問毎月請求書発行・電話連絡・	門家へ依頼内容証明郵便発送・回収専	
受付・会計・病棟・医事が連携して対応								

患者窓口未収金管理のポイント

　患者窓口未収金の回収プロセスにおいて重要なことは、窓口未収患者の一覧表を作成し、回収プロセスの状況を複数の目で確認し、放置せずに院内で定めた回収プロセスに沿った取り組みや手続きを行っているかモニタリングをし続けることです（表1-3）。

　未収を意識することで、前回未精算の患者が来院した際には、受付時に患者にその旨を説明するなどの対策を行っている病院もあります。

　患者窓口負担金のクレジットカードによる決済を導入している病院では、カード会社からの入金明細で患者ごとの回収状況を確認し、未収の消し込みをその都度行うことが必要です。しばしば見受けられるケースでは、カード会社からの入金明細は医事課に届かないため、カード会社からの入金による未収の消しこみができていないことがあります。

表1-3 【患者未収金回収管理表】

患者ID	患者名	未収発生日	請求金額	未収残高	回収状況

　患者窓口負担金は、外来の場合は診療日、入院の場合は退院日の全額回収が原則です。外来の場合、未収発生要因で多いのは、保険証忘れによる自費扱いで 10 割の診療費が支払えないケース、検査等の実施による所持金不足のケース、会計後に、血液検査の項目が追加になるなどの診療内容変更のケースなどです。保険証忘れの場合は、後日未収金回収措置がとりにくくなる可能性もあるため、他の身分証明書（運転免許証など）の提示を求め、控えをとっておくなどの対策が必要です。

　とはいえ、ウォークインの外来患者で多額の未収が発生することは少なく、救急搬送の患者や入院患者の未収金対策が重要になります。入院の時点で支払能力に問題がありそうな患者に対しては、親類縁者等の支払能力のある関係者に連帯保証人になってもらうことや、高額医療費貸付制度等の各種制度についてメディカルソーシャルワーカーが説明し、入院初期に申請手続きを済ませる支援を行う等の未収金防止策が必要です。退院の精算時にはクレジットカード決済システムの導入や分割支払いの相談に応じるなどの対応が有効でしょう。さらに、支払予定日に支払いが滞る場合は、督促状発送、電話催促、訪問催促を実施し、それでも回収できない場合は、内容証明郵便の発送や法的手続きに進むことを検討する必要があります。これらの対策を進めても、最終的に一定の期間までに回収できない場合は、貸倒れとして認識することになります。

　これらのプロセスは、部門横断的に取り組むことで院内に未収金回収風土を根付かせます。残高の減少という成果を定期的にチェックすることで改善の見える化を図り、部門間連携を強化してください。

6）購買管理の考え方

　購買管理については、診療材料等の原価に関する購買と一般管理費に関する購買、高額医療機器を含めた資産購入に分けられます。

原価に関する購買管理

　病院における原価にかかわる購買とは、医薬品や診療材料及び医療消耗備品を指します。これらの購入について、現在はSPD（Supply Processing and Distribution）システムを導入している病院が多くなっています。SPDシステムは、病院側の材料管理の業務削減、在庫管理コストの低減、卸業者による情報の一元化で病院側の事務作業効率化等を図るものです。特定の職員が使用材料の情報を卸業者へPCを通して情報伝達することで、常時適切な在庫が院内に備わっている状態をつくることができるというメリットがあります。また、その在庫は病院側の在庫ではなく、卸業者の在庫であることから、病院側は使用した材料代金のみを支払うことになり、材料費支払いの削減にもつながります。一方、デメリットとしては、一度システムを導入してしまうと、購入単価交渉や卸業者変更が難しくなるという点があります。

　このSPDシステムの運用では、管理上の注意が必要です。院内では材料の管理は1カ所で行われるため、各部署へどのように材料が流通しているかという点については、SPDとは別に管理が必要です。つまり、せっかくSPDシステムを導入しても、各部署で在庫が滞留していることがあれば、その在庫分は使用した材料としてみなされ卸業者への支払対象とされてしまうことになるからです。さらに、同じ種類の材料が、複数の部署で在庫として残っているという可能性もあります。SPDシステムは、病院と卸業者間の情報

一元化であって、院内の材料所在地情報の一元化ではないことを認識しなければなりません。SPD システムの導入時には、同時に院内流通フローでも無駄のないようなルールづくりが重要ポイントになります。

一般管理費に関する購買管理

一般的に、購買面で多くの無駄がみられる病院に共通する特徴として、使用品種が非常に多いことがあげられます。例えば事務用品では、職員の好みのメーカーの筆記具等を購入しているケースがあります。このように職員の好みで購買品を決めるのではなく、すべての品目でメーカーや品種を特定し、同一アイテムを大量に購入することで、価格交渉を有利に進めることを検討するべきです。ある病院では、部署ごとにアイテム別、メーカー別の使用量を一覧にしたところ、ある部署では特定のメーカーが多く、別の部署では別のメーカーのものを使用していることがわかり、その原因は所属長の考え方（指導内容）によるものであることが判明したという事例がありました。使用量についても、使用する職員の職務能力の差により、ロスが多くなるということもあります。

事務用品の場合は、大量購入による価格交渉のほかに、品質に目をつむることによって購入額を削減することも可能です。最近の事務用品は、多少品質を下げたところで使用感はほとんど問題にならないでしょうし、一般消耗品類の場合は、メーカー品ではなく大手スーパー等の安価なプライベートブランド品で代用するということも有効な手段です。

一般管理費にかかわる購買では、特に現場の使用数量管理を重視し、部署ごとの使用量の管理を継続することが大切です。そして、

毎年の購買予算を病院全体で取り決め、購入過多を防止することがポイントになります。

設備投資に関する購買管理

　材料や一般管理費と異なり、高額となる資産の購入については、まず設備投資時に購入とリースのどちらを選択するかを検討することになります。リース契約の最大のメリットは資金調達の必要がないことですので、購入代金を一度に支出することが資金繰り的に困難な場合にもっとも効果があります。よって事業の立ち上げ時などで、金融機関での与信が低く、担保設定できる資産がない状況のときにリースを利用し、資金繰りに問題がない場合は購入を選択するケースが多いと思われます。これに対し購入の場合は、その金額が高額であるため、購入後の事業への貢献度合いを考慮して、金額交渉を行う必要があります（設備投資の採算性については62ページを参照）。

　設備の購入については、必要とする部署から稟議書を事務長に提出することになります。投資を申請する稟議書には、以下の項目が記載されていることが必要です。

　①購入の目的
　②品目・品番
　③購入先
　④購入価格
　⑤値引率と値引額
　⑥購入予定（希望）日
　⑦納品予定（希望）日

⑧導入予定（希望）日

　購入価格については購入先からの見積書を添付し、品目にはパンフレットなどの写真も添付しておくことが望ましいでしょう。またリースの場合は、リース会社名、月額リース料、支払回数、支払総額を記載します。稟議書が決裁され、購入（割賦契約を含む）が決まり納品が完了したら、固定資産台帳（10万円未満の場合は備品台帳）に登録します。最近では、会計ソフトに固定資産台帳が含まれているケースが多いようですので、ソフトを使用して管理の効率化を図ることができます。

7）リース一覧表・割賦一覧表の具体的事例

　リース一覧表や、割賦一覧表の作成の目的は、その終了年月日の確認にあり、再リース時期とリース物件のリプレイス時期をあらかじめ把握しておくことが重要になります（表1‐4）。また、再リースを複数年継続している物件も、一覧表上ですぐに把握できるようにしておきましょう。

表1-4 【リース一覧表・割賦一覧表】

施設	設置部門	物件名	リース/割賦	リース会社	金額	消費税率	開始日	終了日	△年				□年			
									○月	○月	○月	○月	○月	○月	○月	○月
○○病院	放射線部門	64列CT	リース	△△リース	60,000	5%	25.4.1	30.3.31	1,000	1,000	1,000	1,000	1,000	1,000	1,000	1,000
□□クリニック	透析	透析用監視装置一式	割賦	□□リース	21,600	8%	27.6.1	33.5.1	300	300	300	300	300	300	300	300
		合計			81,600				1,300	1,300	1,300	1,300	1,300	1,300	1,300	1,300

チーム事務の連携

1）設備投資の投資採算の考え方（用度と医事との協力）

　高額医療機器の場合、用度と医事との部門間連携の下で、購入後の採算性を試算しておく必要があります。

　次のようなケースを例に考えてみましょう。

● 64 列 CT を 80,000 千円で購入（耐用年数 6 年）
● 保守費用：初年度はゼロ。2 年目から年間 10,000 千円
● CT 撮影にかかる年間人件費：5,000 千円
● CT 購入のために借入れをした場合の支払利息：5,600 千円（6年間）

　この条件の場合、6 年間でかかる費用の総額は 165,600 千円、1年間にかかる費用は 27,600 千円（165,600 千円 ÷ 6 年）となります。つまり、この CT を購入した場合、年間 27,600 千円以上の CT 撮影での売上が確保できなければ採算がとれないことになりますので、目標撮影件数が明らかになります。

　単価設定は以下の通りです。

● CT 撮影料　10 千円／ 1 件当り
● 判断料　4.5 千円／ 1 件当り
※電子画像管理加算、画像診断管理加算及び月 2 回目以降撮影の場合を加味せず

27,600 千円÷（10 千円＋ 4.5 千円）を計算すると、少なくとも年間 1,904 件以上の撮影件数がなければ採算はとれないことになります。1 カ月あたり平均 159 件以上です。なお、実際の単価の設定は、病院の現状より算出するとよいでしょう。

この件数が、現状の病院の CT 稼働率から考えてやや難しいようであれば、購入価格や年間保守費用の価格交渉が必要ということになります。

このように高額の設備投資の稟議では、購入することによる収支シミュレーションを添付して、購入による病院利益への貢献度を数字で示すことがポイントです。また、除却稟議については、逆に購入時から除却までの期間の利益を提示し、使用年数、累積利益を明確にすることで、次の新しい機器への投資へとつなげる意思決定の材料とします。管理会計的な考え方の中には、キャッシュフローや貨幣の時間価値等を考慮して意思決定をする考え方もありますが、ここでは省略します。

2）レセプトは金券〜未収管理〜
（医事は請求事務だけではなく回収確認まで）

病院の未収金管理は、医事課全体で取り組むことが肝要です。

レセプト請求業務については万全の体制で臨む一方、請求保留分や返戻再請求、減点の再審査請求の管理がおざなりになっているケースも見られます。また、レセプトは金券であるという認識を今一度確認してほしいものです。

患者自己負担分の未収に関しても、医事課内において未収金の情報を共有し、当該患者の再来時にタイムリーに回収措置を取る、その他未収金回収フローに沿って、適宜回収するという意識の醸成

が必要です。また、治療費支払いの相談に対応する専門の職員を配置することも、未収の減少に効果的でしょう。一番の方策は放置せずに督促を継続することです。

　経理処理上、未収金を貸倒れとして計上するためには、回収のために病院側が実施してきた対策の履歴や、患者側の状況（自己破産等）が揃っていることが必要であるため、これらを時系列で管理していくフローを明確にしておく必要があります。図1‐5は未収金管理のフロー例ですが、未収金が発生してから回収までの考えられる事象を列記し、その場合の対応方法を関係部署で共有しておくことが大切です。また、督促状や念書作成、内容証明書の発行・発送時期について、未収発生からどのくらいの期間経過後に行うのかを院内でルール化しておくことも必要です。

　患者側の支払いの意思を確認し、たとえ少額であったり期間がかかりそうな場合でも全額回収を目指し、部門間連携により根気よく回収業務を継続する風土を院内で醸成してください。

図1-5 【未収金管理のフロー】

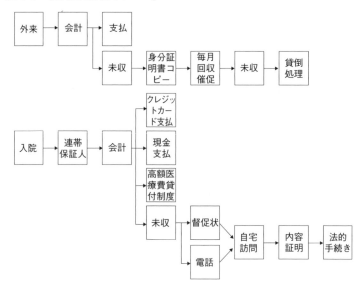

3) 定数管理と在庫管理について

　前述したように、材料の定数管理に SPD システムを導入している場合は、バーコードなどを使って病院側の在庫数量がタイムリーに業者側管理センターで確認ができるようになっているため、在庫管理は業者側でできることになっています。しかし、院内でアナログ式に定数管理、在庫管理を実施している病院では、用度課など特定の部門が事務局となって管理業務を行っているケースがあります。

　材料等の倉庫からの出荷は、必ず各部署の所属長が承認した伝票を提出することで、在庫数を把握できるようになっています。また、棚卸を毎月実施している病院では、特定部署が管理することで在庫の責任の所在は明確になります。ところが、使用量そのものに問題があるケースがあります。いわゆる、紛失や期限切れ、過剰使用等の現場に責任がある場合がそれに該当します。いくら正確に在庫管理を実施したとしても、使用方法に問題がある場合は、原因が見つけにくいことがありますが、薬品費比率や診療材料費比率といった財務面からの分析による数値から、異常値が発見できる場合があります。通常これらの数値は、常時一定の比率になることが多いのですが、時系列で推移を確認すると、徐々に率が増加している、あるいは上下している場合があります。このような場合は要注意です。原因を明らかにして、潜在的な課題がないかを確認しておく必要があります。

4) 人件費は額ではなく比率

　管理会計上では、人件費は固定費ですので、額で管理するべきであると考えられている科目です。しかし病院の場合、人員基準が

決められていることや、売上の基本である診療報酬も国が決めているため、ほとんどの病院で機能別（急性期、慢性期、精神科等）の人件費率はほぼ同じ結果になります。病院における人件費コントロールのコツは、人件費の額ではなく、人員配置（人数）の定員管理です。現場の希望通りに職員の補充をするのではなく、定員を一定にしておき、その人数以上は補充しないというルールを決めている病院もあります。職員の経験や能力差による違いは原則認めず、その問題を改善するのも現場の責任であるという考え方です。これも、病院の風土を長年かけて創り上げてきた結果として機能しています。

定員を定めることで、現場ごとの人件費はほぼ一定になります。ただし、病床機能を変更した場合や新しい診療科を設けた、あるいは廃止した、新規事業をスタートした（医療とは人件費率の異なる介護事業等）、常勤・非常勤比率を変更したなどといったケースでは当然変動します。

定員管理が成立し、人件費比率の変動を少なくするためには、職員の生産性が一定であることが不可欠です。そのためには、人材育成への投資と管理職の充実は不可欠の必要条件です。

第2章

病院における管理会計
および
実績検討について

第2章では、前章で解説したような方法で作成された試算表を活用した「月次の実績検討」について説明します。毎月どのような内容をどの会議で共有し、何を検討し、何を確認・決定していかなければならないのかを整理しています。情報は活用して初めて意味をもつものであり、作成しただけでは何ら意味を成しません。現場に行動変容を促し、課題に対しての改善活動を実行するには、実績検討の運営にコツが必要です。

　本章ではその内容についても解説していますが、実行の局面では会計事務所やコンサルタントなどの第三者の協力を得て、強制力をもって進めてもよいかもしれません。また、実績検討が進んでいけば、自ずと現場により密接に関係する数値へのドリルダウン（集計結果の掘り下げ）が求められます。

　通常、税務会計では踏み込むことのない、病院の診療科別・病棟別の損益計算の計算過程を解説し、またそれを現場へどのようにフィードバックするかを解説します。

管理会計 ～ドリルダウン～

1）なぜ原価管理が必要なのか

　病院経営は、固定費の高い事業です。代表例としては、人件費や設備関係費が固定費に該当します。人件費や設備関係費は、売上に関係なく一定値毎月発生します。そのため、ある一定の売上が見込めるからこそ、経営者は固定費をかけることの意思決定を行います。言い換えると売上が見込めない状態での、固定費に関する意思決定は慎重になる必要があります。

　また、弊社での表現になりますが、同じお金を支出することでも２つの意味合いで使用しています。それが以下の「先行投資」と「コスト」です。

　■先行投資＝将来的に価値を生み出す（売上を見込める）支出
　■コスト＝将来的に価値を生み出さない（売上が見込めない）支出

　こうした意味から、「コストを管理する」ということは、いかに将来的に価値を生み出さない支出をなくすかということです（これは支出の性質の問題ですので、専門用語で使用する投資やコスト、原価などと混同しないように読み進めてください）。つまり、コスト削減と世の中でいわれている表現を弊社風に意訳すると、価値を生み出さないと思われる支出を、将来的に価値を生み出す支出に変化させることを意味します。当然ながら、将来的に価値を生み出さ

ないような支出を減らすことも意味しています。つまりコスト削減といっても、「＝支出を抑えること」とは限らないということがここで伝えておきたい内容です。

　支出が先行投資となっているか、コスト削減できる余地がないか、適切な利益が確保できているかを判断するためにも、法人全体の決算書、病院事業の試算表だけでは、なかなかクリティカルに意思決定、現場改善、職員の行動変容を促すことはできません。例えば、新調した医療機器であっても稼働していない時間帯は先行投資ではなく、コストになります。人材を雇ったとしても着手してもらう仕事がなく、ただ待ち惚けているのであれば、コストになります。また、効果測定する仕組みがないままだと、成果実感が湧くこともありません。せっかくさまざまな改善をした部門があったとしても病院全体の数値でとらえてしまうと、他の部門の数値も影響するため、明確に評価することは難しくなります。

　そこで登場するのが、原価管理です。

　原価管理は病院のように多様な部門（病棟）や診療科、職種が存在する事業において、どの部門や診療科がどれだけ利益を出していて、どれだけ改善余地があるのかなどを示すことができます。

　地域において永続的な医療を提供し続けるためにも、病院には適切な利益を確保する経営体制が必要です。病院経営は、地域における病院の役割、その病院を構成する部門や診療科の役割、個々人の役割、それぞれが求められる役割を果たすことで成り立っています。現状が適切な経営状態であるかどうか、何か課題がないかどうか（困っていることはないか）を客観的に判断し、行動の結果を効果測定できる原価管理が、今後の病院経営では特に求められています。

2）部門（病棟）別・診療科別損益の導入
（実際原価計算から管理原価計算へ）

対象としての種類

　原価管理（以下、原価計算）は、病院経営においても定着しつつある用語になっていますが、原価計算とはどのような管理手法を示しているのでしょうか。おそらく、病院の病床数・病棟機能・個々人において示す内容や解釈が異なっているのではないかと思われます。そのため、言葉の定義として原価計算についての認識に差異がないように、まず原価計算の種類について説明します。

　現在、病院経営において原価計算という言葉で表現される管理手法は、表2-1に示した「部門（病棟）別原価計算」「診療科別原価計算」「医師別原価計算」「手術別原価計算」「患者別原価計算」「疾病別原価計算」の６種類に区分されます。

表 2-1 【原価計算の種類】

種類	分析対象	報告対象	分析項目	原価計算と合わせてみるとよいクリニカルインディケーター
部門（病棟）別原価計算	部門（病棟）	経営者 事務部門 医師 看護部門	・人員配置の見直し ・病棟の管理	・稼働率 ・平均単価 ・平均在院日数 ・医療区分 ・人員配置（看護要員）
診療科別原価計算	診療科	診療科部長（医師）	・診療体制の見直し	・医師数 ・受け持ち患者数 ・救急件数 ・救急断り率 ・手術件数
医師別原価計算	医師	医師	・医師1人あたりの生産性 ・医師の成長性	・担当疾病の内容（患者数や収益）
手術別原価計算	手術	医師（外科系）	・オペ室のコストの見直し（材料など）	・手術室の稼働率 ・1術式あたりの件数
疾病別原価計算	疾病	医師 看護師	・医療プロセスの見直し ・医薬品や診療材料の見直し	・診療科別原価計算
患者別原価計算	患者	医師 看護師	―	―

　一般的に、原価計算は現場に対する指標と表現されることが多いのですが、決してそうではありません。表 2‐1 の原価計算の種類は、単に分析対象が違うだけでなく、報告を受ける対象者も異なります。原価計算を実施する場合は、分析対象・報告対象・分析項目を明確にして取り組んでいただく必要があります。

　実は、原価計算は病院においてなかなか定着が難しいとされてきた管理手法です。これまで弊社が取り組んだ事例においても、うまく軌道に乗ったケースと、なかなか定着に至らなかったケースがあります。軌道に乗ったケースの共通項はいくつかありますが、もっとも重要な点は、月次の試算表（決算書）が適切に作成され経営に役立てられているかどうかです。法人・病院・各施設の試算表が適切に管理され、毎月の経営の振り返り、目標に向けての改善に活用されている病院であれば、さらに原価計算までできるようになれば非常に有効なツールとなります。

図2‐1　【原価計算の優先順位】

決算書 試算表	法人全体			
施設別試算表	病院		老健	グループホーム	訪問看護ST
部門（病棟）別	外来	一般	回復期	
診療科別	内科	外科	整形外科	
医師別	A医師	B医師	C医師	

その理由が、先に述べたそれぞれの原価計算の使用（活用）用途です。法人・病院・各施設の財務状況が、目標としている状況となっているかどうか（予算や中期事業計画の進捗確認）、公のデータと比較しての財務状況はどうか(ベンチマーク)。それらが高い傾向、あるいは低い傾向であれば何が原因によるものか。このように全体を俯瞰し、問題意識をもった状態で、分析の対象を細分化していくことが非常に効果的です。

原価計算に取り組む場合の優先順位としては、部門（病棟）別原価計算、診療科別原価計算、医師別原価計算の順に取り組むとよいでしょう（図2-1）。

部門（病棟）別原価計算は、主に病棟機能と患者層がミスマッチになっていないか、人員配置は適切な状態であるかを把握するためのハード面（施設基準や法定人員）に関する指標です。診療科別原価計算は、主に医師1人あたりの医業売上や受け持ち患者数、病院としての診療科構成や設備投資の適切性について把握するための運用面に関する指標となります。

医師別原価計算も、主に医師に対する指標であり、診療科別原価計算よりも運用面に関しての特色が強くなります。

原価計算は、日常作成される財務会計（試算表）や、税務会計では表現できない現場の事象を数値化し、可視化する管理会計の一種です。そのため、最終的には現場の行動変容への活用が求められます。しかし、現場レベルで解決できないような課題を現場に求めすぎるのではなく、まずは法人全体、病院・各施設、病棟といった組織レベルで解決すべきことをクリアにする必要があります。その後、診療科、医師個人というように対象を徐々に絞り込み、個人レベルまでブレイクダウンしていくことで、病院に原価計算という管

理手法が定着していきます。

性質としての種類

　原価計算には、前項で解説した「対象としての種類」のほかに、以下に紹介する「性質としての種類」があります。病院経営で、原価計算がなかなかうまく経営に活かせていない原因を分析すると、この「性質としての種類」による使い分けが明確にされていないことによるものではないかと考えられます。

　原価計算における「性質としての種類」は 2 種類あり、弊社では「実際原価計算」と「管理原価計算」という名称で区分しています。その 2 種類の原価計算の、それぞれの特性を活かしたマネジメントツールを総称して「NK 原価管理」と呼んでいます。

　なお、ここでいう実際原価計算は、会計上の実際原価計算・標準原価計算とは性質が異なります。

図2-2　【実際原価計算と管理原価計算】

NK原価管理

実際原価計算
・事業のトレンドを確認する
・実際に発生したコストを計算に含める
・財務会計上の病院の試算表の利益と一致する

管理原価計算
・事業を評価する
・理論上発生するコストを計算に含める
・実際に発生する特殊要因は除外して管理ができる

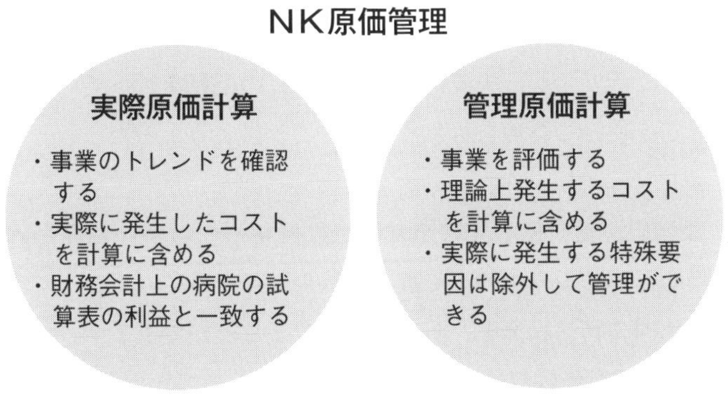

図2-2の実際原価計算とは、経営のある一時点を人為的に抽出し、その抽出した経営状況が、どの事業・部門の結果によるものかを推測した計算方法です。そのため、一時点を抽出した際の軸となる数値が必要となることから、弊社では月次試算表を活用することでその数値を求めています。軸となる数値は各事業・部門が集約された病院全体を表すことから、数値の計上方法は「直課と配賦」を行いすべて計上します。コストを按分する配賦に100％の精度を求めることはできないのですが、失敗する代表例として、この精度にこだわるあまり、数値に振り回され計算表の作成に時間を費やし、最終的には活用されないといったケースが少なくありません。当然ながら配賦基準については、できる限り現場が納得できる基準が必要です。100％の精度が得られないという性質上、実際原価計算には一定の妥協点が必要です。この妥協点が目的としている使用用途に耐えられる質かどうかが実際原価計算を実施するためには重要です。

　例えば、実際原価計算を経営に活かそうとする際に可能な目的としては、一定の時期（1年間等）での分析による現状の把握、もしくは月次で数値管理を行い、トレンド（傾向値）をみることが考えられます。これらの数値は、傾向値をみるためのもので、管理には不向きなのですが、失敗例の多くが、この配賦を行っている実際原価計算を使って管理を行おうとすることによるものだと考えられます。

　とはいえ、傾向値も経営を一時点に区切った数値の積み上げであるため、同じルールの下で数カ月以上数値をみていくことで、各事業・部門の経営状況を、明確に読み取ることができます。

　一方、管理原価計算は、管理にフォーカスをあてた計算手法です。コストの計上方法は直課しか行いません。その結果、対象となる事

業・部門において現場の動きがダイレクトに反映されるため、課題
の浮き彫りと改善後の経過測定ができます。直課できないコストに
ついては、病院内であらかじめ設定をした原価を計上することにな
ります。よく一般的に言われる標準原価計算です。

表2-2 【実際原価計算（原価計算）と管理原価計算（原価管理）の違い】

	実際原価計算 （原価計算）	管理原価計算 （原価管理）
コストの計上	・直課と配賦による計上	・直課による計上 ・間接コスト、コメディカルコストの計上は標準原価を採用
特徴	・各部門の総和が病院全体の財務会計上の利益と一致するため、理解しやすい ・現状の事業の特徴と課題を捉えることが可能 ・トレンド（時系列）を確認することで変化を捉えることができる	・直課ができる管理可能コストを計上するため、実際の現場の動きがダイレクトに反映される ・突発的に発生する費用や配賦による自部門以外の状況でコストの値が変動することがないため、管理がしやすい
課題	・発生したコストを配賦するため、管理不可能コストが存在する	・標準原価を採用するため、実際に発生した費用と差が出るので、差異分析が必要
定着スパン	・半年〜２年	・２年以上〜

　ここまで原価計算の種類を説明しましたが、「対象としての種類」
と「性質としての種類」をカテゴリー化し、活用内容まとめたもの
が表2-3です。それぞれ実施する項目に該当する種類を確認の上、
実施をする必要があります。

表2-3 【実際原価計算・管理原価計算の活用例】

	部門（病棟）別原価計算	診療科別原価計算	医師別原価計算	手術別原価計算
実際原価計算	・現状の病棟機能が地域のニーズにマッチしているか確認が可能 ・入院、外来部門の損益構造が把握できる ・外来診療のあり方を検討できる	・診療科別の特徴が把握できる ・外来診療のあり方を検討できる ・診療科の存廃について検討できる	―	―
管理原価計算	・1床あたりの固定費を職員へ浸透させる ・逸失利益の考え方を浸透させる	・一定の定床の考えをもって、診療科部長に管理可能範囲を明示できる ・標準固定費を設定することで、設備投資（医療機器）に向けた経営管理が可能 ・医師の報酬（年俸）についての根拠となる	・医師ごとの業績状況が把握できる ・時間あたり生産性を意識できる ・医師による診療状況のばらつきを管理できる ・病院として受け入れていく疾病について検討できる	・時間あたり生産性を意識できる ・病院として受け入れていく疾病について検討できる ・計画手術の予定に対するコスト意識が高まる

実際原価管理（計算）について

　管理原価計算を実施するためには、前提として、実際原価計算の数値が組織に定着していることが必要となります。実際原価計算では、ある一時点の経営の結果を構成するすべての部門に確認（設定）する必要があります。この部門は各病院によって異なります。月次試算表を法人全体で算出している場合や、本部が病院内にある場合、病院と他施設、本部に区分して算出している場合など、それぞれの現状にあわせて構成する部門を吟味する必要があります。理事長や経営陣が採算性を見たいという部門をピックアップするとい

う視点で検討してください。そして、対象となる部門は大きくプロ
フィットセンターとコストセンターに区分されます（図2- 3）。

図2- 3 【実際原価計算の対象部門】

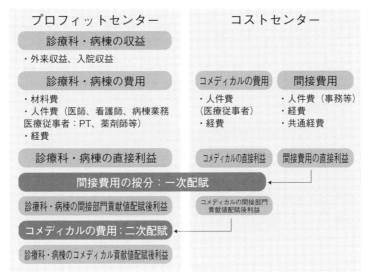

※医師・歯科医師の指示の下で業務を行う医療従事者の英語はパラメディカル
　（paramedic、paramedical staff）ですが、本書では厚労省等の文書でも使
　用されている、補助者のニュアンスを排した和製英語としての「コメディカル
　（Co-medical）」を使用しています。

　プロフィットセンターは、売上について把握できる部門（採算
を把握したい部門）です。売上を把握できないということは、売上
自体を按分する必要が出てくるため、算出する部門の数値の信憑性
が乏しくなります。そのため、売上の直課は必須と定義づけていま
す。

　一方、コストセンターは売上を把握できない部門を示します。

例えば、中央診療部門（コメディカル部門）や間接部門（事務部門、地域連携室等）、共通部門等が該当します。コストセンターというと、「コストしか生み出していないのか！」と言葉上の誤解を招くこともあって、私たちはこれを病院経営になくてはならない部門と表現しています。

　また、プロフィットセンター、コストセンターのどちらに含めればよいか判断に悩む部門があります。代表例としては、救急部や内視鏡室、化学療法室などがあげられますが、それぞれの運営実態により判断が必要です（つまり、売上を把握できるかどうかです）。

　近年、中央診療部門の採算性を把握したいというニーズも高まっていますが、中央診療部門だけの売上を把握することは困難（直課しにくい）であるため、この仕組みの中では把握しておらず、必要に応じて、別途中央診療部門だけにフォーカスをあてた部分的な管理を行っています。

　ここから、実際に作業工程に進んでいきます。それぞれプロフィットセンターとコストセンターに区分した後、以下の３ステップで進めていきます。

■STEP 1　直課と固定配賦
■STEP 2　一次配賦（間接部門、共通部門への配賦）
■STEP 3　二次配賦（中央診療部門への配賦）

　STEP 1で実施すべきは、直課と固定配賦により、プロフィットセンター、コストセンターに売上とコストをすべて計上することです。直課は、直接計上できるものなのでイメージがしやすいのですが、固定配賦の定義に一工夫が必要です。固定配賦とは、コストの

中でも各部門が等しく計上されるべきコストを、一定の配賦基準で計上することです。代表的な配賦基準としては、職員数や延床面積・定床数があります。職員数は、かかわる人数による事業規模を表し、延床面積・定床数は占有している広さによる物理的な事業規模を表します。これらは日常的な事業の中で大きく変わることはないため、固定配賦の配賦基準として使用される頻度が高いものです。もちろん新しい事業の立ち上げや既存事業の廃止があった場合は、これらの数値も変化することになります。

　この段階でプロフィットセンター、コストセンターともに算出される利益が直接利益です。直接利益は、自分たちが生み出した売上や、消費したコストに関してもっとも認識しやすいもので、よく現場がイメージする多くはこの利益を指すものです。

　ただ、前述の通り、コストセンターに計上されているコストについては、プロフィットセンターへ一次配賦、二次配賦を行っていきます。この配賦されるコストの意味合いを現場に理解していただくことが実際原価計算では難しいところです。

　一次配賦では、間接部門、共通部門の配賦を実施していきます。配賦に関して使用される配賦基準は、売上比、職員数、延患者数、均等按分など一定ではありません。ただ、共通していることはプロフィットセンター（＋中央診療部門）が負担する病院経営のコストを計上することであり、規模や業績に応じた不公平感のない計上の方途が求められます。

　二次配賦は、中央診療部門のコストを配賦するため、それぞれがプロフィットセンターに対してどのような貢献をしているかによって計上する方法は異なります。その代表例を以下に記載します。

■薬剤科：処方箋枚数、薬剤指導件数

※病棟管理業務や化学療法室には直接人件費で計上

■放射線科：一般撮影件数（係数×１）、CT 件数（係数×３）、
　　　　　　MRI 件数（係数×５）、その他高額医療機器の件数
　　　　　　（リニアック、アンギオ、マンモグラフィー、ガン
　　　　　　マナイフなど）

※係数は同じ件数であったとしても、投下する時間が異なるため各々重み
　づけをしている値である

■栄養科：食数、栄養指導件数、NST

■臨床検査科：検体検査数、生体検査数

■リハビリテーション科：リハビリ提供単位数

※回復期リハビリテーション病棟、地域包括ケア病棟には直接人件費で計上

■手術室：麻酔時間、手術時間

■臨床工学科：医療機器の減価償却費（修繕をしているため）

※透析室や手術室には直接人件費で計上

■内視鏡室：内視鏡検査件数

■救急部：救急・時間外外来件数、救急搬送件数

　以上は、ヒアリングを通じて実際の業務に基づいて検討することが大事です。

　図2-3にあるような一次配賦、二次配賦を実施することで、すべてのコストを計上させる手法を階梯式配賦法といいます。階梯式配賦法を実施するために必要な資料を、弊社では「基本となる5つのデータ」と呼んでいます。

基本となる５つのデータ

①直課データ：直接計上できる売上、コストのみをピックアッ
　プした指標

　※使用する資料によって課税、非課税は要注意

②配賦基準データ：配賦を行うための基準となる指標

　※月々変更となるため、配賦基準データの集計に一番負担感を感じる

③診療行為データ：レセコンから集計できる診療行為別集計
　表（診療行為区分の小計データ）

④人件費データ：部署、職種、常勤・非常勤の合計値または
　個人別に区分されたデータ

　※医師、看護師のコストの計上方法は要注意

⑤試算表データ：月次単位の試算表（病院事業のみ）

　※管理会計に耐えうる内容になっているかどうか＝月次決算ができてい
　るかどうか

　結局は、構成されている売上・費用がどのような内容であるか
をきちんと説明できることが、原価計算では一番重要なポイントに
なります。管理指標（帳票）ができても、そこにメッセージが込め
られないのであれば、徒労感だけが残ってしまうことになります。

現場の勘所④　　配賦基準の押さえどころ

　費用に関するデータについてお伝えします。原価を計算するの
で、ここが最初の山場になります。

　少し脱線しますが、同じ支出であっても「先行投資」と「コスト」
の違いを述べました。最近では、原価管理を構築していく中で、こ
の数値をどうしていくべきか、ということに着目しながらロジック
を組み上げていくことが多くなってきたように感じられます。

売上の構成要素である平均単価と延患者数はどうか（平均在院日数や新入院患者数等々）。費用の中でも、材料費ではどれだけ利<ruby>鞘<rt>ざや</rt></ruby>が出ているのか（薬価交渉や診療材料の統一によるコストダウンができないか）。医師は自身の給料の10〜13倍の売上を上げているか（ある市民病院は15倍だそうです……）、看護師は法定人員からどのくらい余剰であるか（看護師しかできない業務の整理ができているか）、空床を出さないようにどのような工夫をしているか（1床あたりの固定費は認識できているか）、コメディカルスタッフは自身の動きで直接診療報酬にかかわる行為についてどれだけ実践しているか。このようなことに着目しながら、Aという課題があるから現在の数値になっており、Aを改善するとこのような数値になるであろうと、先を見据えた仕組みづくりを、お客さまの共感を得ながら行うことが重要だと感じています。

　このような共感を得るためにも、押さえるポイントはきっちりと押さえて、より多くディスカッションできるようにしていきたいものです。

　さて、費用で重点的に押さえるべきポイントは図1の通りです。

図1　【病院費用の内訳】

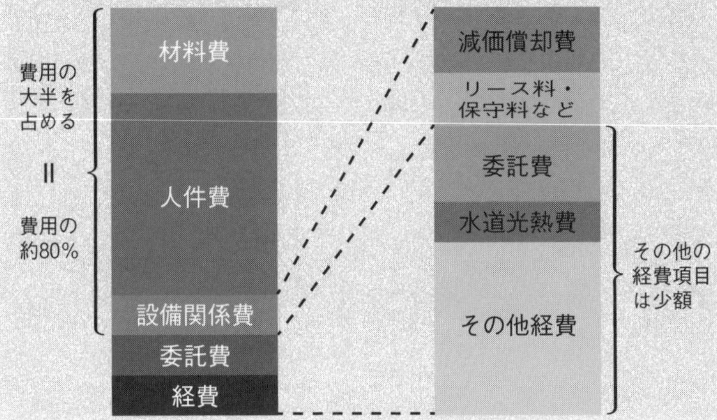

費用の大半を占める
＝
費用の約80％

材料費
人件費
設備関係費
委託費
経費

減価償却費
リース料・保守料など
委託費
水道光熱費
その他経費

その他の経費項目は少額

　病院の費用の80％を占めるのが材料費及び人件費、そして設備関係費です。つまり、材料費、人件費、設備関係費を詳細に把握することができれば、一定の精度は担保できるもの（現場感のある数値になること）と考えることができます。

　言い換えると、材料費は医師自身がコントロールしやすい費用であり、現場でもよく議論されるコスト削減の対象の１つです。また、人件費に関しては自身の働きがどうかを把握するのに一番重要な指標として着目されています（人件費率や年俸交渉等）。設備関係費については、使用部門とそうでない部門（特に内科系と外科系）とでは、コストの負担に明確な差が必要です。その他一般経費については、少額であるため詳細に把握したとしても損益に重大な影響を及ぼすことは少ないと考えられることから、ここに時間を投下することは行わないようにしています。まれに、研究研修費をしっかりと使用した部門に計上したいというようなオーダーがあったりしますが、それらは個別対応になります（これはよい意味でノウハウをインプットしているという評価をしたいという意味です）。

　詳細な数値を把握できない場合は、原則、勘定科目の中身を確認して適切な割り振り基準（配賦基準）を決めていくことになります。

４つの利益

　弊社原価計算では、階梯式配賦法を採用しているため、利益としては少なくとも３つの表現が出てきます。そこに１つの利益を加えて、４つの利益で管理を行っています（表2-4、表2-4-1）。

　ⅰ）貢献利益（医業売上－材料費－人件費）で赤字
　　⇒自身の人件費以上の利益を生み出せていない。

※医師の意識改革が必要。

ⅱ）直接利益（貢献利益－委託費－設備関係費－研究費－経費）で赤字

⇒各診療科で購入した医療機器分および実際に費消しているコストを償還できていない。

※主に医療機器の償還計画の妥当性の検証および設備器機購入稟議の体制見直しなどが必要。また実際に使用している費用についての削減が必要。

ⅲ）間接部門貢献値配賦後利益（直接利益－間接部門貢献値）で赤字

⇒各診療科で採算はとれているが、病院経営にかかわる間接コスト（義務的経費）が賄えていない。

※病院で勤務することへの意味合いを伝え、医師へ協力を要請する。

ⅳ）コメディカル貢献値配賦後利益（間接部門貢献値配賦後利益－コメディカル貢献値）

⇒病院全体として、医師・看護師・コメディカル・事務が効率的なサービスが提供できているかどうかを表すバロメーター。

※病院全体で、現在の業務がベストであるかの見直しが必要。

すべての利益は意味が異なります。それぞれの部門において、どの段階で利益が出ているか、または赤字となっているかを把握し、それぞれの現状にあった改善が必要になります。

表2-4【階梯式配賦法における4つの利益】

	科目	意味
	収益	各プロフィットセンターの部門が当月に医療行為をした総数
	材料費・人件費	材料費：収益を上げるために費消した医薬品や診療材料等 人件費：基本診療料に関係する人件費及び付随費用（法定福利費等）
ⅰ）	貢献利益	各プロフィットセンターにおける主要職員の生産性 （主に医師、看護師）
	委託費 設備関係費等	各プロフィットセンターが費消したと認識できる一般管理費（直課のみ）。ただし、明らかに費消しているが正確な金額が把握できない費用は按分により計上（水道光熱費、地代等）
ⅱ）	直接利益	各プロフットセンターが上げた収益に対して管理可能なコストを差し引いた生産性（純粋な利益）
	一次配賦	病院経営上、必要な固定費（義務的経費）
ⅲ）	間接部門貢献値 配賦後利益	各プロフィットセンターが生み出した生産性（利益）から病院経営上必要な固定費（義務的経費）を差し引いた生産性（利益）
	二次配賦	特掲診療料及びその他医療行為に関与するコメディカル（中央診療部門）の人件費や運営にかかる費用
ⅳ）	コメディカル貢献値 配賦後利益	病院全体として医師・看護師・コメディカルが効率的なサービスを提供できているかどうかを表すバロメーター

表2-4-1【階梯式配賦法における4つの利益】

単位：千円

	パターン①	パターン②	パターン③	パターン④	パターン⑤
収益	9,000	9,000	9,000	9,000	9,000
材料費・人件費	2,000	4,000	6,000	8,000	10,000
貢献利益	7,000	5,000	3,000	1,000	-1,000
委託費 設備関係費等	2,000	3,000	2,000	2,000	2,000
直接利益	5,000	2,000	1,000	-1,000	-3,000
一次配賦	-2,000	-2,000	-2,000	-2,000	-2,000
間接部門貢献値 配賦後利益	3,000	0	-1,000	-3,000	-5,000
二次配賦	-2,000	-2,000	-2,000	-2,000	-2,000
コメディカル貢献値 配賦後利益	1,000	-2,000	-3,000	-5,000	-7,000

※一次配賦と二次配賦は、再掲であるためマイナス表記です

3）部門（病棟）別・診療科別損益とインディケーターの関係性

　組み上げた数値を活用する際のポイントは、損益状況だけで話をとどめてはならないという点です。損益状況をいかに分解して現場に近い数値にしたとしても、現場からあがってくるのは「では、どうしたらよいのか」という疑問です。そのため、結果としての経

営の数値を見るだけでなく、現場が意識をしているクリニカルイン
ディケーター（例えば手術件数や CT・MRI 検査の件数など）もあ
わせて確認することが重要となります。

　まずは、表 2 - 5 の内科の事例から検証してみましょう。

　表 2 - 5 で確認するポイントは以下の 6 点です。

①収益が増加しているか

　・増加傾向。平均単価、延患者数ともに増加傾向

②利益が増加しているか

　・利益額、利益率ともに増加傾向

③医師 1 人あたりの収益、受け持ち患者数の変化は

　・医師 1 人あたりの収益、受け持ち患者数は減少傾向

④収益に影響を与えるクリニカルインディケーターの推移は

　・全体的に件数は増加傾向だが、医師数が増加したという要
　　因が伴う

⑤収益に対しての材料費（率）の推移は

　・医薬品費の比率が減少傾向

⑥収益に対しての人件費（率）の推移は

　・医師、看護師の人件費率は増加傾向

表2-5 【内科の事例】

		前々期				前期				今期			
		A	B	C=A+B	D	E	F	G=E+F	H	I	J	K=I+J	L
		入院	外来	合計	構成比	入院	外来	合計	構成比	入院	外来	合計	構成比
1	総医業収益計	770,000	115,000	885,000	100.0%	740,000	115,000	855,000	100.0%	830,000	120,000	950,000	100.0%
2	材料費	200,000	58,000	258,000	29.2%	190,000	60,000	250,000	29.2%	210,000	59,000	269,000	28.3%
3	うち医薬品費	150,000	56,000	206,000	23.3%	140,000	57,000	197,000	23.0%	145,000	55,000	200,000	21.1%
4	うち診療材料費	40,000	2,000	42,000	4.7%	40,000	2,000	42,000	4.9%	60,000	2,000	62,000	6.5%
5	給与費（医師、看護師のみ）	305,000	40,000	345,000	39.0%	270,000	35,000	305,000	35.7%	320,000	45,000	365,000	38.4%
6	うち医師給与	78,000	20,000	98,000	11.1%	68,000	15,000	83,000	9.7%	85,000	25,000	110,000	11.6%
7	うち看護師給与	145,000	18,000	163,000	18.4%	130,000	18,000	148,000	17.3%	155,000	18,000	173,000	18.2%
8	貢献利益	265,000	17,000	282,000	31.9%	280,000	20,000	300,000	35.1%	300,000	16,000	316,000	33.3%
9	経費	95,000	20,000	115,000	13.0%	90,000	18,000	108,000	12.6%	100,000	15,000	115,000	12.1%
10	うち減価償却費	9,000	1,000	10,000	1.1%	7,000	1,000	8,000	0.9%	9,000	1,000	10,000	1.1%
11	直接利益	170,000	-3,000	167,000	18.9%	190,000	2,000	192,000	22.5%	200,000	1,000	201,000	21.2%
12	間接部門貢献値	55,000	12,000	67,000	7.6%	55,000	12,000	67,000	7.8%	55,000	12,000	67,000	7.1%
13	コメディカル貢献値合計	90,000	30,000	120,000	13.6%	85,000	28,000	113,000	13.2%	85,000	29,000	114,000	12.0%
14	コメディカル貢献値配賦後利益	25,000	-45,000	-20,000	-2.3%	50,000	-38,000	12,000	1.4%	60,000	-40,000	20,000	2.1%
15	延患者数	17,500	3,800			18,000	3,800			18,500	3,500		
16	平均単価（円）	44,000	30,263			41,111	30,263			44,865	34,286		

17	常勤医師数（人）	13	13	13		11	11	11		15	15	15	
18	医師1日1人あたり患者数（人）	7.4	2.3			8.9	2.8			6.7	1.9		
19	医師1人1カ月あたり収益	9,872	1,474	11,346		11,212	1,742	12,954		9,222	1,333	10,555	
20	平均在院日数（一般）	18.0				19.0				17.0			
21	救急車受入件数	200	300	500		200	300	500		250	350	600	
22	紹介率（一般）		40.0%				35.0%				35.0%		
23	手術件数（件）	140	0	140		120	0	120		130	0	130	
24	内視鏡検査（上部）	130	50	180		140	40	180		200	60	260	
25	内視鏡検査（下部）	50	35	85		40	15	55		80	10	90	
26	心臓カテーテル（件）	70	0	70		65	0	65		75	0	75	

単位：千円

	二期比較		
	I-E	J-F	K-G
	入院差額	外来差額	合計差額
総医業収益計	90,000	5,000	95,000
材料費	20,000	-1,000	19,000
うち医薬品費	5,000	-2,000	3,000
うち診療材料費	20,000	0	20,000
給与費（医師、看護師のみ）	50,000	10,000	60,000
うち医師給与	17,000	10,000	27,000
うち看護師給与	25,000	0	25,000
貢献利益	20,000	-4,000	16,000
経費	10,000	-3,000	7,000
うち減価償却費	2,000	0	2,000
直接利益	10,000	-1,000	9,000
間接部門貢献値	0	0	0
コメディカル貢献値合計	0	1,000	1,000
コメディカル貢献値配賦後利益	10,000	-2,000	8,000
延患者数	500	-300	
平均単価（円）	3,754	4,023	

常勤医師数（人）	4	4	
医師 1 日 1 人あたり患者数（人）	-2.2	-0.9	
医師 1 人 1 カ月あたり収益	-1,990	-409	-2,399
平均在院日数（一般）	-2.0		
救急車受入件数	50	50	100
紹介率（一般）		0.0%	
手術件数（件）	10	0	10
内視鏡検査（上部）	60	20	80
内視鏡検査（下部）	40	-5	35
心臓カテーテル（件）	10	0	10

表2-6 【外科の事例】

		前々期				前期				今期			
		A	B	C=A+B	D	E	F	G=E+F	H	I	J	K=I+J	L
		入院	外来	合計	構成比	入院	外来	合計	構成比	入院	外来	合計	構成比
1	総医業収益計	225,000	37,000	262,000	100.0%	260,000	45,000	305,000	100.0%	240,000	30,000	270,000	100.0%
2	材料費	36,000	22,000	58,000	22.1%	42,000	23,000	65,000	21.3%	35,000	18,000	53,000	19.6%
3	うち医薬品費	16,000	21,000	37,000	14.1%	18,000	22,000	40,000	13.1%	15,000	16,000	31,000	11.5%
4	うち診療材料費	20,000	1,000	21,000	8.0%	22,000	1,000	23,000	7.5%	20,000	1,000	21,000	7.8%
5	給与費（医師、看護師のみ）	85,000	14,000	99,000	37.8%	90,000	15,000	105,000	34.4%	80,000	12,000	92,000	34.1%
6	うち医師給与	25,000	5,000	30,000	11.5%	32,000	5,000	37,000	12.1%	26,000	4,000	30,000	11.1%
7	うち看護師給与	30,000	5,000	35,000	13.4%	35,000	7,000	42,000	13.8%	30,000	5,000	35,000	13.0%
8	貢献利益	104,000	1,000	105,000	40.1%	128,000	7,000	135,000	44.3%	125,000	0	125,000	46.3%
9	経費	25,000	5,000	30,000	11.5%	20,000	4,000	24,000	7.9%	20,000	4,000	24,000	8.9%
10	うち減価償却費	3,000	1,000	4,000	1.5%	2,000	1,000	3,000	1.0%	4,000	1,000	5,000	1.9%
11	直接利益	79,000	-4,000	75,000	28.6%	108,000	3,000	111,000	36.4%	105,000	-4,000	101,000	37.4%
12	間接部門貢献値	12,500	2,500	15,000	5.7%	12,500	2,500	15,000	4.9%	12,500	2,500	15,000	5.6%
13	コメディカル貢献値合計	55,000	10,000	65,000	24.8%	65,000	14,000	79,000	25.9%	55,000	13,000	68,000	25.2%
14	コメディカル貢献値配賦後利益	11,500	-16,500	-5,000	-1.9%	30,500	-13,500	17,000	5.6%	37,500	-19,500	18,000	6.7%
15	延患者数	3,600	1,100			4,000	1,600			3,500	1,800		
16	平均単価（円）	62,500	33,636			65,000	28,125			68,571	16,667		

17	常勤医師数（人）	3	3	3		4	4	4		3	3	3	
18	医師1日1人あたり患者数（人）	6.6	2.9			5.5	3.2			6.4	4.8		
19	医師1人1カ月あたり収益	12,500	2,056	14,556		10,833	1,875	12,708		13,333	1,667	15,000	
20	平均在院日数（一般）	12.0				11.0				13.0			
21	救急車受入件数	20	20	40		35	40	75		25	15	40	
22	紹介率（一般）		60.0%				50.0%				52.0%		
23	手術件数（件）	220	20	240		250	20	270		130	20	150	
24	マンモグラフィー（件）	2	25	27		1	20	21		5	20	25	
25	乳腺悪性腫瘍手術	15		15		12		12		14		14	
26	胃悪性腫瘍手術	11		11		8		8		11		11	
27	大腸悪性腫瘍手術	21		21		28		28		33		33	

単位：千円

	二期比較		
	I-E	J-F	K-G
	入院差額	外来差額	合計差額
総医業収益計	-20,000	-15,000	-35,000
材料費	-7,000	-5,000	-12,000
うち医薬品費	-3,000	-6,000	-9,000
うち診療材料費	-2,000	0	-2,000
給与費（医師、看護師のみ）	-10,000	-3,000	-13,000
うち医師給与	-6,000	-1,000	-7,000
うち看護師給与	-5,000	-2,000	-7,000
貢献利益	-3,000	-7,000	-10,000
経費	0	0	0
うち減価償却費	2,000	0	2,000
直接利益	-3,000	-7,000	-10,000
間接部門貢献値	0	0	0
コメディカル貢献値合計	-10,000	-1,000	-11,000
コメディカル貢献値配賦後利益	7,000	-6,000	1,000
延患者数	-500	200	
平均単価（円）	3,571	-11,458	

常勤医師数（人）	-1	-1	
医師 1 日 1 人あたり患者数（人）	0.9	1.6	
医師 1 人 1 カ月あたり収益	2,500	-208	2,292
平均在院日数（一般）	2.0		
救急車受入件数	-10	-25	-35
紹介率（一般）		2.0%	
手術件数（件）	-120	0	-120
マンモグラフィー（件）	4	0	4
乳腺悪性腫瘍手術	2	0	2
胃悪性腫瘍手術	3	0	3
大腸悪性腫瘍手術	5	0	5

さてこの状況から、現場はどのような課題を抱えており、解決していかなければいけないか、ぜひ分析をしてみてください。

　次は表2 - 6、外科の事例です。同じくポイントしては以下の6点です。

①収益が増加しているか

　・減少傾向

　　▶入院の平均単価は増加傾向、延患者数は減少傾向

　　▶外来の平均単価は減少傾向、延患者数は増加傾向

②利益が増加しているか

　・利益額はほぼ横ばい。利益率は増加傾向

③医師1人あたりの収益、受け持ち患者数の変化は

　・医師1人あたりの収益、受け持ち患者数は増加傾向

④収益に影響を与えるクリニカルインディケーターの推移は

　・手術件数、救急車受け入れ件数は減少傾向だが、主要な手術件数は増加

⑤収益に対しての材料費（率）の推移は

　・医薬品費の率が減少傾向

⑥収益に対しての人件費（率）の推移は

　・医師の人件費率は増加傾向

　実際の現場（医師）からの意見は、内科は医師の増加によって病院としての医療の質が安定したのではないか。利益に関しても、一定の額（率）が出ているので問題ないのではないか。

　外科は、医師1人の生産性は上がっているかもしれないが、医師に負担がかかりすぎている可能性がある、早急に医師の負担軽減

の対応が必要ではないか、といったものでした。

　損益がすべてではないにせよ、現場からあげられるこのような意見は大変貴重です。それぞれ数値が示している意味や現場で起きていること、現場から求められていることが、お互いに話ができる土台になっています。

現場の勘所⑤　　配賦基準～材料費・人件費～

　材料費は、もっとも難しい部分ですのでしっかりと理解してください。まず材料費には、医薬品費、診療材料費、医療消耗器具備品費、給食用材料費の４種類が病院会計準則にあります。そもそも会計処理がきちんと病院会計準則の定義にあっているかも事前に確認してください。

表１　【材料費の種類】

医薬品費	（ア）投薬用薬品の費消額 （イ）注射用薬品（血液、プラズマを含む）の費消額 （ウ）外用薬、検査用試薬、造影剤など前記の項目に属さない薬品の費消額
診療材料費	カテーテル、縫合糸、酸素、ギプス粉、レントゲンフィルムなど１回ごとに消費する診療材料の費消額
医療消耗器具備品費	診療、検査、看護、給食などの医療用の器械、器具及び放射性同位元素のうち、固定資産の計上基準額に満たないもの、または１年内に消費するもの
給食用材料費	患者給食のために使用した食品の費消額

　原則として以下の手順で材料の計上方法を検討してください。

①原価となる金額が計上できないか確認する。

⇒医薬品費をこのパターンで計上するためには、「オーダー数×

納入価」が必要です。診療材料費は大半が手術で使用する材料になるので、業者の納品書で把握が可能です。

②医事会計の診療行為の中の薬剤料、材料費等の医事データをピックアップして配賦基準とする。

⇒償還した分の報酬であるため、①と併用した場合の二重計上には気をつけてください。

診療材料費は「処置・手術料で按分」というような考え方がありますが、もう少し詳細に配賦基準を設定してみましょう。どんな費用がその勘定科目にあがっているのか、きちんと確認をした上で計上方法を選定してください。その意味で、勘定科目ごとに計上方法を伝えるよりも、内容として計上方法を理解していただきたいので表2を確認してください。

表2 【材料費の配賦基準例】

	内容	計上基準
医薬品費	投薬用薬品	薬剤料で按分
	注射用薬品	注射薬材料で按分
	検査用試薬	検査薬材料で按分
	血液製剤	血液薬剤料で按分
	造影剤	造影薬剤料で按分
診療材料費	カテーテル、インプラント（人工骨髄等）、ダイアライザー、眼内レンズ、在宅酸素等	手術器材料で按分
	縫合糸、手袋、ガウン、ギプス粉、レントゲンフィルム等	処置・手術手技で按分 延患者数で按分
医療消耗器具備品費	診療、検査、看護、給食などの医療用の器械、器具及び放射性同位元素のうち、固定資産の計上基準額に満たないもの、または1年内に消費するもの	直課
給食用材料費	患者給食のために使用した食品	食数（職員給食を実施している場合は別途考慮が必要）

　これらの内容が、勘定科目の中でどこに計上されているかを確認していただくことが何より大事です。間違っても、「一般的に●●費は「●●」の配賦基準を使う」という考え方は禁物です。

表３　【理論原価での計上】

	病院	内科	消化器内科	血液内科
医薬品費	1,300,000			
薬剤料比		300,000	100,000	800,000
薬価差益	18.0%	↓	↓	↓
理論医薬品費	1,016,949	254,237	84,746	677,966

※割戻し原価

差額	283,051			

↑請求不可能分？　棚卸分？

	病院	内科	消化器内科	血液内科
医薬品費	1,300,000			
薬剤料比		300,000	100,000	800,000
理論医薬品費	1,300,000	325,000	108,333	866,667
		-70,763	-23,587	-188,701

※仮に、差額の283,051円の大半が血液内科に請求できない医薬品費だとすると内科には70,763円、消化器内科には23,587円の余分なコストが計上される。ただし、血液内科が多くの医薬品を使用していることは表現ができている。

　医事の薬剤料を薬価差益で割り戻して理論原価で計上する方法です（消費税の加味が必要ですが、表３では消費税は考慮していません）。

　課題点は以下の通りです。

①請求外のコストが把握できない（これは薬剤料比で按分するのも一緒です）。
②診療科別の薬価差益が算出できるか（病院全体の薬価差益で

よいと思いますが、薬価交渉をがんばっている医師には報いるルールが必要だと思います）。

　以上の課題をクリアできれば、適切に原価を使用して、請求をしている診療科に余分なコストを計上することは避けることができます。病院の購入額と、この理論原価との差額については常に気をつけておく必要があると思います。
　人件費は、原則人事データで所属している部門に計上していただきます。兼務が発生している場合は、個別対応が必要になりますので、ヒアリングなどで確認をしてください。職種別に計上する内容は図1の通りです。

図1　【人件費の配賦基準例】

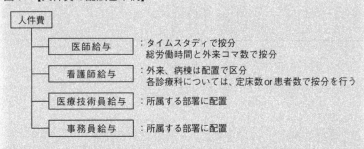

　一番困難なのが医師の給与を外来と入院に割り振ることです。これに関しては、以下の手順で検討をしてください。

　①タイムスタディの実施
　タイムスタディの実施がもっとも現場感を表しますが、一方でなかなか協力が得られないという側面もあります。実施できない場

合は、②に進むことになりますが、医師が自身の損益をみられるときにどこまで数値を気にするかで変わってきます。後々、変更してもよいと思います。

　また、よく議論になることは、医師が診療報酬にだけ影響するような働き方をしていないことです。例えば、主科が精神科の場合、身体合併症との関係で内視鏡の検査等をオーダーすると消化器科の医師が検査をします。しかし、売上は精神科で計上されてしまいます。この場合は、消化器科の医師の人件費の一部を精神科に計上する必要があります。つまり売上に対応する費用のもたせ方をどうするかを確認する必要があります（健診や皮膚科医の入院患者の褥瘡ケア、歯科医の入院患者の口腔ケア等も同様です）。

表４ 【タイムスタディの例】

タイムスタディ集計表										
（消化器内科）科　氏名（日本 太郎）　算定期間：12月1日〜12月7日　記入日：平成27年12月9日										
	月	火	水	木	金	土	日	合計	構成比率	備考
外来	5.0h	4.0h		4.0h	4.0h	4.0h		21.0h	46.7%	
病棟（一般病棟）	3.0h	3.0h	2.0h	2.0h	3.0h	2.0h		15.0h	33.3%	
病棟（回復期リハ病棟）								0.0h	0.0%	
病棟（精神科病棟）								0.0h	0.0%	
健診			4.0h					4.0h	8.9%	
手術室				3.0h				3.0h	6.7%	
その他①（内容）委員会			1.0h		1.0h			2.0h	4.4%	
その他②（内容）								0.0h	0.0%	
合計	8.0h	7.0h	7.0h	9.0h	8.0h	6.0h	0.0h	45.0h	100.0%	

　②総労働時間から外来勤務時間を差し引き、残りを入院部門へ

　　一見問題ないようにみえますが、かなり粗いやり方です。外来

部門以外すべて入院部門というのは、それらしい損益は算出できますが適切とは言いがたい内容になっています。休むことなく働いているか、外来以外の時間を入院診療にかかる時間とみなすことになるので、実態とはかけ離れてしまいます。なので、①のタイムスタディをできるだけ実施するようにしてください。

　次に人件費の計上で難しいのが看護師の人件費です。外来・入院延患者数での按分を選択するケースが多いようですが、ここに関してはもう少し固定費を意識した配賦基準を考える必要があります（表5）。

表5　【看護師の人件費の計上方法の例】

	計上方法	固変	備考
外来部門	外来配置表	固定	手術部門、内視鏡室等兼務がないか確認
	外来延患者数	変動	
手術部門	手術室計上	固定	
病棟部門	定床数で按分	固定	
	入院延患者数（病棟ごと）	変動	
訪問部門	訪問部門計上	固定	

　表5のように、できる限り人件費を固定費化させ、多く診療をしている医師に報いる考え方が必要だと思います。ただ、看護師の給与（人数）も入院基本料という報酬（単価）に影響しているので、原価として負担すべきかもしれません。ここは別途議論が必要なところです。

　医療技術員については、各部門への計上になりますが、病棟薬剤業務に専従している薬剤師や地域包括ケア病棟、回復期リハビリテーション病棟に専従するPT・OT・STについては原則的に直接人件費として、プロフィットセンターに計上してください。判断基

準は入院基本料にかかわるかどうかです。

　設備関係費は、実際に使用している部門に計上します。高額医療機器については、必ず使用部門に計上されるよう確認が必要です（高額医療機器の使用による医療行為は、その分単価に跳ね返っているケースが多いため、売上と費用を対応させる必要があります）。計上方法は、原則、減価償却明細やリース資産明細から部門を特定して行います。よくあるケースとしては、リースが再リースの場合（これは機器保守料にもいえることかもしれません）、年額がある単月に計上されている場合があります。この場合は、単月の数値に影響を与えてしまうため、そもそもの会計処理を引当計上するのか、原価計算で固定額を計上するかの議論が必要です。

4）部門（病棟）別・診療科別損益からみる経営の方向性

外来の損益と病棟の損益の意味

　でき上がった原価計算の数値で、まずどこをみなければいけないのかという入門的な視点から解説します。

　病院全体の数値は、試算表（決算書等）ですでに把握ができていると考えられますが、原価計算を実施する根底としてプロフィットセンターの外来（診療科）、入院（病棟、診療科）について、どこが採算がとれているのかが第 1 の疑問になると思われます。そのため、まずは外来部門、入院部門の採算（売上と費用、利益）について確認を行います。

外来部門は採算がとれないのか

　原価計算を実施したことがある方であれば、多くは外来部門の

採算性についての疑問にぶつかったことと思います。一般的に赤字だといわれる外来部門ですが、本当に赤字なのでしょうか。具体的な数字を基に検証してみましょう。検証の前提は、以下の通りです（2016年時点）。

①医療法に基づく人員配置基準

表2-7 【医療施設別、病床区分別の人員配置標準について】

	病床区分	職種							
		医師	歯科医師（歯科、矯正歯科、小児歯科、歯科口腔外科の入院患者を有する場合）	薬剤師	看護師及び准看護師	看護補助者	栄養士	診療放射線技士、事務員その他従業員	理学療法士、作業療法士
一般病棟	一般	16：1	16：1	70：1	3：1	—	病床数100以上の病院に1人	適当数	適当数
	療養	48：1	16：1	150：1	4：1（注1）	4：1（注1）			
	外来	40：1（注2）	病院の実情に応じて必要と認められる数	取扱処方せんの数75：1	30：1	—			
特定機能病院	入院（病床区分による区別なし）	すべて（歯科、矯正歯科、小児歯科、歯科口腔外科を除く）の入院患者	歯科、矯正歯科、小児歯科、歯科口腔外科の入院患者	すべての入院患者	すべての入院患者	—	管理栄養士1人	適当数	—
		8：1	8：1	30：1	2：1				
	外来	20：1	病院の実情に応じて必要と認められる数	調剤数80：1（標準）	30：1				

（注1）療養病床の再編成に伴い省令改正。平成24年3月31日までは、従来の標準である「6：1」が認められている。
（注2）耳鼻咽喉科、眼科に係る一般病院の医師配置標準は、80：1である。

引用：厚生労働省

②表 2 - 8 の定義

医師は月額 1,400,000 円の給与に対して、診療日数 20 日、1 日あたり労働時間を 8 時間で計算しています。なお、病院の外来の医師については、1 日の投下時間のうち 60％を外来勤務していると仮定しています。

表 2 - 8 　【診療所と病院外来の 1 日あたりの粗利益比較】　　　単位：円

	診療所		病院：外来		診療所		病院：外来		
単価	5,000 円		10,000 円		5,000 円		10,000 円		
患者数	40 名		40 名		80 名		20 名		
収益	200,000	100.0%	400,000	100.0%	400,000	100.0%	200,000	100.0%	
材料費（院外処方）	20,000	10.0%	40,000	10.0%	40,000	10.0%	20,000	10.0%	
医師	70,000	35.0%	42,000	10.5%	70,000	17.5%	42,000	21.0%	給与 1,400,000 円
看護師	0	0.0%	17,500	4.4%	0	0.0%	17,500	8.8%	給与 350,000 円
非常勤看護師	11,200	5.6%	0	0.0%	11,200	2.8%	0	0.0%	時給 1,400 円
薬剤師	0	0.0%	15,000	3.8%	0	0.0%	15,000	7.5%	給与 300,000 円
放射線技師	0	0.0%	15,000	3.8%	0	0.0%	15,000	7.5%	給与 300,000 円
検査技師	0	0.0%	15,000	3.8%	0	0.0%	15,000	7.5%	給与 300,000 円
クラーク	0	0.0%	11,000	2.8%	0	0.0%	11,000	5.5%	給与 220,000 円
非常勤クラーク	7,200	3.6%	0	0.0%	7,200	1.8%	0	0.0%	時給 900 円
受付：2 名	0	0.0%	22,000	5.5%	0	0.0%	22,000	11.0%	給与 220,000 円
非常勤受付：2名	14,400	7.2%	0	0.0%	14,400	3.6%	0	0.0%	時給 900 円
法定福利費	8,400	4.2%	19,880	5.0%	8,400	2.1%	19,880	9.9%	基本給の 12%
賞与	0	0.0%	28,167	7.0%	0	0.0%	28,167	14.1%	基本給の 4 カ月分
人件費	111,200	55.6%	185,547	46.4%	111,200	27.8%	185,547	92.8%	
粗利益	68,800	34.4%	174,453	43.6%	248,800	62.2%	− 5,547	− 2.8%	

　病院外来について、黒字化しているケースが大半である診療所との比較をベースに検証を行います。開業医にとっては、利益が生

活費に直結しているため死活問題であることは、本書では省きましょう（重要な点ですが……）。

　表2-8の数値に基づき、「診療所」と「病院：外来（以下、病院）」において、同じ患者数40名の数値で比較してみましょう（医療法に基づく病院外来の配置基準が40：1のため）。まず、目につく違いは売上であり、その主要因は診療単価です。これは1日あたりの平均単価を表していますが、診療所と病院との違いは専門的な検査等の有無です。病院外来の売上の大きさは、専門的な検査等によるものだといえます。

　一方で、診療に伴う人件費についてです（材料に関しては、比較しにくいため今回は一律10％で検証しています）。人件費の大きな違いは、常勤か非常勤かという部分です。診療所の大半は、非常勤のスタッフで運営を賄うのに対し、病院では常勤のスタッフが占めているのが一般的です。また、病院ではアウトソーシング（医事委託等）や、外来診療自体を非常勤医師が対応する診療体制があると思います。それが、病院での人件費高騰につながっています。また、病院では医師が実施できる撮影や検査といった内容も技師が担当していることが多く、そうした分担も人に対するコストを押し上げる要因になっています。

　結果として、医師1人が1日に40名の患者を診療する場合は、病院の粗利益が高くなるわけですが、実際には診療所ではもっとたくさんの患者を診察しますし、病院で平均して1日40名の患者を診察しているケースは少ないと思われます。そこで、実態に即した患者数で（医師1人あたり1日患者数を診療所で80名、病院で20名）試算をしている数値をご覧ください（病院の患者数20名は常勤・非常勤すべて一律で平均しているためです。公私病院連盟では医師

1 人あたり 1 日患者数は 10 名弱になっていますが、さすがに極端なので、40 名の半分の 20 名としています）。ここでは、先ほどとは逆転して、診療所の粗利益が高いという結果となっています。数の議論は極端になりますが、押さえていただきたい点は、診療所と病院との違いは売上に占める人件費が大きくなるということです。

　さらにこの粗利益に、以下のようなコストがかかってきます。

　①人件費（医事課、総務課、人事課など）
　②医療機器代（CT、MRI など）
　③場所代（診察室、受付、待合、検査室など）
　④諸経費（水道光熱費、消耗品費など）

　これらがコストとして計上されることを加味すると、結果はなかなか厳しいものとなり、病院の外来部門では赤字傾向が強くなるという結論は適切なのかもしれません。ただし、これは非常に偏った考え方になりますので、実際の業務に携わるときは、この考えを軸に、それぞれの病院でどこの数値が高いのか、あるいは低いのかを見定めながら、結果としての損益を確認していただきたいと思います。

　図 2 - 4 は病院における外来患者の構成割合と売上割合を表した資料です。この表の数値を読み解いてみましょう。

　診療単価の区分は以下の 3 通りです。
・1,500 円以下：再診料（720 円）＋処方箋料（680 円）、消炎鎮痛
　等処置（350 円）、外来管理加算（520 円）などの組み合わせ
・5,000 円未満：再診料＋処方箋料、血液検査、X 線撮影等の組み

合せ

・5,000 円以上：再診料＋処方箋料、検体検査、超音波、心電図、
内視鏡等の生体検査、CT・MRI 等の組み合わせ

図2- 4 【外来患者の構成割合と収益割合】

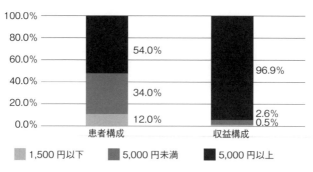

まず患者構成が示す通り、病院の外来といえどもすべてが専門
性の高い診療をしなければいけない患者ばかりではないということ
です。結論からいえば、平均単価 5,000 円以下の患者に関しては、
地域の開業医によるフォローの方が、待ち時間も少なく、より密接
な診察が受けられるケースが多くなると考えることができます（逆
紹介の充実）。

一方で、平均単価 5,000 円以上の患者に関しては、病院で専門性
の高い検査を受けてもらう必要があると考えられるため、病院では
この層を積極的に獲得し診療に結び付けていくことが必要になると
いう結論を導き出すことができます（紹介の充実）。

このような視点も踏まえた上で、結果として損益がどうなって
いるかを確認する必要があります。もちろん、単なる効率化ばかり
が先行してもいけません。基本は患者の安心と安全を守る体制づく

りを地域の医療連携によってスムーズに行うことです。

入院部門は採算がとれて当たり前

「外来部門が赤字傾向であれば、病院はどこで採算をとることができているのか？」。そう、入院部門ということになります。表2-9の病棟別損益計算書を例に、入院部門における採算性を検証してみましょう。

表2-9 【病棟別損益計算書】　　　　　　　　　　　　　　　　単位：千円

		外来	構成比	一般	構成比	回復期	構成比	療養	構成比
1	医業収益	64,548	100.0%	68,505	100.0%	50,049	100.0%	32,060	100.0%
2	材料費	8,923	13.8%	12,423	18.1%	2,904	5.8%	3,389	10.6%
3	給与費	35,802	55.5%	21,802	31.8%	16,351	32.7%	14,041	43.8%
4	貢献利益	19,823	30.7%	34,279	50.0%	30,794	61.5%	14,630	45.6%
5	委託費	1,012	1.6%	1,376	2.0%	780	1.6%	800	2.5%
6	設備関係費	1,422	2.2%	2,422	3.5%	1,621	3.2%	1,220	3.8%
7	研究研修費	101	0.2%	160	0.2%	131	0.3%	129	0.4%
8	経費	2,840	4.4%	3,040	4.4%	2,454	4.9%	2,336	7.3%
9	直接利益	14,447	22.4%	27,281	39.8%	25,808	51.6%	10,145	31.6%
10	間接部門貢献値	7,062	10.9%	3,062	4.5%	2,949	5.9%	2,567	8.0%
11	間接部門貢献値配賦後利益	7,385	11.4%	24,218	35.4%	22,859	45.7%	7,578	23.6%
12	コメディカル貢献値合計	12,860	19.9%	15,860	23.2%	11,228	22.4%	2,678	8.4%
13	コメディカル貢献値配賦後利益	-5,475	-8.5%	8,358	12.2%	11,631	23.2%	4,900	15.3%
14	延患者数（人）	6,431		1,343		1,500		1,568	
15	1日あたり（人）	292.3		43.3		48.4		50.6	
16	稼働率			86.6%		96.8%		97.3%	
17	平均単価（円）	10,037		51,009		33,366		20,446	
18	平均固定費（円）	9,501		35,535		23,676		15,160	
19	損益分岐点医業収益高	70,902		58,295		37,702		26,581	
20	損益分岐点に達する延患者数（人）	7,064		1,143		1,130		1,300	
21	1日あたり患者数	321.1		36.9		36.5		41.9	
22	現状との差	-633		200		370		268	
23	1日あたり患者数	-28.8		6.5		11.9		8.6	
24	平均在院日数			15.2		68.3		132.1	
25	救急件数			41		0		0	

表2-9では、プロフィットセンターを「外来・一般病棟・回復期リハビリテーション病棟・療養病棟」の4つに設定しています。

　注目していただく項目は、一般病棟から療養病棟までのコメディカル貢献値配賦後利益ですが、それぞれ10％を超える利益率が出ています。弊社平均のデータでは、表2-9のように一般病棟は10％前後、回復期リハビリテーション病棟は20％前後、療養病棟は15％前後くらいの利益率となっています。病院ごとに違いが出るのは、平均単価（施設基準やオーダー数、平均在院日数等）や人員配置（看護師、看護補助者等）、材料費、設備関係費（建物）によるものなので、各勘定科目で差が出たときは、外来同様（表2-9）の数値を軸にいろいろ検証していただきたいと思います。

　さて、ここでお伝えしておくべき点は、病床の稼働率についてです。当然、稼働率が高ければ利益が出るということは皆さんも理解されていると思いますが、筆者はセミナーなどの場を借りて、「稼働率＝地域の医療ニーズの評価」と表現しています。つまり、稼働率が低いということは、地域医療ニーズに対する病院が担うべきポジショニングのミスであると捉えてもいいのではないかと考えています。長期にわたり、稼働率の課題がある病院では、原因として大半が病棟機能と患者層のミスマッチが考えられます。その結果、稼働率が低いために、採算がとれていないという結果を招くことにつながります。まずは、病棟機能が病院の選択として適切であるかどうかを判断することが必要です。当然ながら、人員の配置や、過剰な設備投資、コメディカルの生産性（医師のオーダー数）なども損益に影響する可能性はありますが、まずは病棟機能の選択に着目しましょう。

その他見ておくべき視点

①損益分岐点

売上、変動費、固定費、利益から、平均単価の変動を加味せず、現状の平均単価の患者層を増やすと仮定した場合の各部門や診療科ごとの損益分岐点を算出することができます。

②外来の利益

外来部門は、直接利益では黒字が求められますが、間接部門（病院経営のコスト）、コメディカル部門（診療の分担）を加味していくにつれて、コストが積み上がるために、最終は赤字傾向となります。そのため、どこの部分で黒字、あるいは赤字であるかを把握するのが重要です（85 〜 86 ページ「4 つの利益」を参照してください）。

現場の勘所⑥　配賦基準一覧

その他の費用については、どのように計上していくのかをお伝えしたいと思います。原則、「現場の勘所⑤」に記載した内容を重点的に検討いただければ問題ないのですが、それ以外の項目についても一定の基準を設定しておきたいと思います。もちろん、本稿で伝える配賦基準に関しては、それぞれの病院における勘定科目の内容によりますので、一概にこれがあてはまるという考え方はありませんが、ベースとして考える内容を以下にまとめましたので、活用してください。

表1 配賦基準一覧

区分	No	項目	補助	外来	入院	中央診療部門	共通
材料費	1	医薬品費		払い出し（薬局）／薬価差益からの逆算／薬剤料比			
	2	診療材料費		SPD／払い出し（業者）／器材料比			
	3	医療消耗器具備品費		直課／処置・手術手技比			
	4	給食用材料費		食数比			
給与費	5	医師給与		タイムスタディ			
	6	非常勤医師給与		直課			
	7	看護師給与		直課／看護配置（定床数）		延患者数比	
	8	医療技術員給与				直課	
	9	事務員給与		直課（健診）			直課
	10	技能労務員給与		直課	直課	直課	直課
	11	役員報酬					直課
	12	賞与		給与費（看護師～技能労務員）比　医師を除く			
	13	賞与引当金		給与費（看護師～技能労務員）比　医師を除く			
	14	退職給付費用		直課／給与費（医師～技能労務員）比			
	15	法定福利費		給与費（医師～技能労務員）比			
委託費	16	検査委託費		外注検査件数／検査収益比			
	17	給食委託費		入院患者数比			
	18	寝具委託費		入院患者数比			
	19	医事委託費		外来患者数比 or 入院患者数比			
	20	清掃委託費		延床面積比			
	21	保守委託費		直課／延患者数比			
	22	その他の委託費		直課／共通部門			
設備関係費	23	減価償却費		直課／延床面積比			
	24	器機賃借料（リース料）		直課／延床面積比			
	25	地代家賃		延床面積比			
	26	修繕費		直課／延床面積比			
	27	固定資産税等		延床面積比			
	28	器機保守料		直課／延患者数比			
	29	器設備保険料		直課／延患者数比			
	30	車両関係費		直課／共通部門			
研究研修費	31	研究費		直課／職員数比			
	32	研修費		直課／職員数比			
経費	33	福利厚生費		職員数比			
	34	旅費交通費		職員数比			
	35	職員被服費		職員数比			
	36	通信費		職員数比			
	37	広告宣伝費					直課
	38	消耗品費		職員数比			
	39	消耗器具備品費		職員数比			
	40	会議費					直課
	41	水道光熱費		延床面積比			
	42	保険料	火災保険	延床面積比			
	43		医賠責	医師数比			
	44		退職金目的	給与費（医師～技能労務員）比			
	45	交際費					直課
	46	諸会費					直課
	47	租税公課		延床面積比			
	48	寄付金					直課
	49	雑費					直課

　原則、配賦基準は、原価発生原因主義であり負担能力主義の基準は使わないようにするのが重要です。

　「負担能力主義」…原価回収という観点から売上性の高いものにより多く原価を負担させる ⇒ 例）売上比

　「原価発生原因主義」…かかったものは、費用を発生させる原因となったものに集計し負担させる

表２　負担能力主義（上）と原価発生原因主義（下）

	合計	A 部門	B 部門	C 部門	コストセンター
収益	230	100	80	50	0
費用	180	50	40	30	60
利益	50	50	40	20	-60
「負担能力主義」					
収益按分	-60	-26	-21	-13	
収益按分（率）		43.5%	34.8%	21.7%	
配賦後利益		24	19	7	
利益率		23.9%	23.9%	13.9%	
「原価発生原因主義」					
業務投下按分	-60	-20	-28	-12	
業務投下按分（率）		33.3%	46.7%	20.0%	
配賦後利益		30	12	8	
利益率		30.0%	15.0%	16.0%	

　ただし、診療報酬は、実際に使用した分を請求できるものがあるため、材料費や委託費（検査委託費等）については、やや負担能力主義（薬剤料比、器材料比、検査売上比等）に近しい表現となります。

　課題としては、以下のようなケースが考えられます。

　①請求できる範囲を超えて、材料（医薬品等）を使用している場合。

　②請求できる範囲を超えて、治療をしている場合。

あくまで、医事課で把握しているのは請求できる材料等に限られます。売上に連動させることで、それらしい数値には近づきますが、それは請求できている範囲にとどまりますので、本当の原価ではありません。時系列的に数値の確認を行う（変化を捉えること）ことが優先されるため、詳細な原価を押さえる必要はないのかもしれませんが、この手法によるメリット・デメリットは認識しておいてください。

5）入院部門の損益の考え方

　前項の外来に次いで、入院部門についての採算性を検証してみます。表2-10は、一般病棟（55床）、看護基準10対1の病棟と仮定しています。本来、看護補助者、病棟担当の薬剤師やセラピスト等も含めないといけないのでしょうが、その分加算がありますので損益に影響はないということで本書では割愛します。

　一般病棟は、診療科によって材料費比率やコメディカル貢献値（コメディカル費用）もかかわりによって大きく変わると思いますが、どちらも平均的な数値を使用しています。その前提で、損益分岐点を見ていただくと、この例では売上が54,745,667円／月で利益がプラスマイナス0円となります。平均単価を45,000円とした場合、稼働率が73.7％以上で利益が出る計算となります。

　平均単価はもう少し高いケースもあると思いますし、稼働率70％前半ということは基本的に少ないはずなので、病棟は利益が出やすいであろうという結果になります。やはり入院部門の採算をいかに軌道に乗せるかが病院経営に大きな影響を与えそうです。

表2-10 【入院部門の損益シミュレーション】

一般病床：10 対 1 の看護基準

55 床

【入院：一般】 単位：円

病床数÷ 10 × 3 ＝	16.5 人		人件費合計	18,696,533
切り上げ	17 人		委託費（検査・給食・清掃・保守等）	2,000,000
うち 7 割は看護師	11.9 人		設備関係費（リース、減価償却費等）	2,500,000
残りは准看護師	5.1 人		研究補修費	100,000
（実績看護職員数）			経費	3,000,000
看護師			間接費	2,500,000
12.0 人× 8 時間× 7 日≒	672.0 時間		コメディカル費用	15,000,000
1 週間に 37 時間勤務／人として	18.16 人		医業費用	43,796,533
准看護師				
6.0 人× 8 時間× 7 日≒	336.0 時間		材料比率	20.0%
1 週間に 37 時間勤務／人として	9.08 人		損益分岐点	54,745,667
			平均単価	45,000
看護師	19 人		延患者数	1,217
准看護師	10 人		1 日あたり	40.6
看護師給与	@ 380,000		稼働率	73.7%
准看護師給与	@ 350,000			
合計	10,720,000			

医師数	5 人
医師給与 @ 1,200,000	
病棟関与は業務の 40%	2,400,000

人件費	13,120,000
賞与	3,573,333
法定福利費	2,003,200
人件費合計	18,696,533

間接費内訳	コメディカル費用内訳
・事務職員（医事・総務・人事等）の給与	・薬剤科（給与・設備関係費・一般経費）
・病院全体にかかわる委託費	・検査科（給与・設備関係費・一般経費）
・共通部分の減価償却費（廊下、待合、会議室等）	・手術室（給与・設備関係費・一般経費）
・上記にかかる一般経費（水道光熱費等）	・リハビリ科（給与・設備関係費・場所代・一般経費）
	・放射線科（給与・設備関係費・一般経費）
	・栄養科（給与・材料費・一般経費）

病棟機能の見直し

　病院は病床数 20 床以上の入院機能を有する医療機関です。その
ため、病院としては病棟での損益が何より重要視されます。病院は
ベッド、職員が揃って初めて医療サービスが提供できます。ベッド
や職員は固定費です。そのため、固定費以上の売上の目処が立たな
いと病棟での損益は厳しい状況になるといえます。そのバロメー
ターが病床稼働率です。

　病棟における稼働率が一般的なデータと比較して、低い状況で
はおそらく経営状況も芳しくない状態だと思われます。そのため、
何かしら対策を講じなければなりませんが、適切な利益を確保する
ためには、売上の増加、もしくは費用の削減が必要です。売上は「単
価（サービス量）×数」ですが、数を増やすことができていない状
況であるため単価（サービス量）に思考が偏ってしまいます。また
費用についても、細かなコスト削減は講じることができても、抜本
的には職員への費用（人件費）に対してアプローチをしなければ大
きな改善は見込めないかもしれません。ただし、医療機関において
は、最後に考えるべきコスト削減です。職員がいなければ継続的な
医療を維持することは不可能です。

　では、稼働率の低さをどのように解消していかなければならな
いのでしょうか。そもそも病棟の稼働率が上昇しないということを
改めて考えてください。病床が埋まらないのは医師や看護師、事務
職員のせいではありません（中には、入院を断られるケースもあ
ると思いますが、それらを解消してもなおという前提でお考えくだ
さい）。要するに、地域に求められている病棟機能ではないという
ことです。筆者自身、セミナー等で「損益が芳しくない（利益率が
低い）ことは、地域住民・患者に対して求められる医療が提供でき

ていないと認識してください」とお伝えしています。一般企業に置き換えるとわかりやすい話です。売れない商品をつくって「買わない消費者が悪い」という発想にはならないと思います。「どうすれば買っていただけるだろう」というように考えるはずです。それと同じであると認識を改めましょう。

　単年度で病棟の損益が芳しくない場合は、ニーズの不一致の予兆かもしれませんし、偶然かもしれません。ただ、2期、3期と同じ状態であればそれは必然になりますので、対応が必要です。表2-11 をみてみると、回復期の病棟の例ですが、利益を出しています（単月では赤字のタイミングもあった病棟です）。ただ、稼働率や平均単価を見ると求められている病棟機能にはマッチしていないのではという考えに至りました。そこで、平成 26 年度報酬改定で新設された地域包括ケア病棟への転換を検討し、医療の内容が地域で求められるニーズに合うことができ、損益も計画通り改善しました。

表2-11 【回復期病棟の損益】 　　　　　　　　　　　　　　　　　　単位：千円

	回復期	構成比	地域包括ケア	構成比
1 医業収益	28,104	100.0%	33,690	100.0%
2 材料費	539	1.9%	539	1.6%
3 給与費	12,221	43.5%	12,221	36.3%
4 委託費	2,175	7.7%	2,175	6.5%
5 設備関係費	1,316	4.7%	1,316	3.9%
6 研究研修費	37	0.1%	37	0.1%
7 医業費用	979	3.5%	979	2.9%
8 直接利益	10,838	38.6%	16,424	48.8%
9 間接部門貢献値	-1,844	-6.6%	-1,844	-5.5%
10 間接部門貢献値配賦後利益	8,994	32.0%	14,580	43.3%
11 コメディカル貢献値合計	-5,441	-19.4%	-5,441	-16.2%
12 コメディカル貢献値配賦後利益	3,553	12.6%	9,139	27.1%
13 延患者数（人）	1,123		1,123	
14 1日あたり（人）	36.2		36.2	
15 稼働率	72.5%		72.5%	
16 平均単価（円）	25,025		30,000	
17 平均固定費（円）	21,382		21,382	
18 1床あたりコスト（円）	15,492		15,492	
19 平均リハビリ提供単位数	3.4			
20 平均在院日数	55.0			

　また、表2-12は、さまざまな病院のデータから精神科一般病棟のみを抜粋した内容です。このデータからは、精神科一般病棟においてはなかなか利益が出にくい病棟機能になってきていることが示されています。ただし、これは一部の事例であり、精神科全体を示したものではありません。

表2-12 【精神科病棟の損益】　　　　　　　　　　　　　　　単位：千円

		精神科一般	精神科一般	精神科一般	精神科一般	精神科一般	精神科一般⇒特殊疾患
1	医業収益	19,112	22,932	24,050	18,274	21,548	26,469
2	材料費	3,225	2,928	3,660	2,123	2,865	2,226
3	給与費	10,331	13,633	13,568	9,393	15,398	15,485
4	貢献利益	5,556	6,371	6,821	6,758	3,285	8,758
5	委託費	0	0	0	557	0	0
6	設備関係費	1,265	1,016	1,016	154	696	889
7	研究研修費	0	0	0	0	1	0
8	経費	1,891	1,707	1,758	3,740	1,223	1,389
9	直接利益	2,400	3,648	4,047	2,307	1,365	6,481
10	間接部門貢献値	-1,620	-1,629	-1,652	-2,179	-1,441	-1,731
11	間接部門貢献値配賦利益	780	2,019	2,395	128	-75	4,750
12	コメディカル貢献値合計	-1,786	-3,150	-3,260	-994	-2,894	-2,853
13	コメディカル貢献値配賦後利益	-1,006	-1,131	-865	-865	-2,969	1,897
14	材料比率	16.9%	12.8%	15.2%	11.6%	13.3%	8.4%
15	給与比率	54.1%	59.5%	56.4%	51.4%	71.5%	58.5%
16	直接利益率	12.6%	15.9%	16.8%	12.6%	6.3%	24.5%
17	一次・二次配賦比	-17.8%	-20.8%	-20.4%	-17.4%	-20.1%	-17.3%
18	配賦後利益比	-5.3%	-4.9%	-3.6%	-4.7%	-13.8%	7.2%
19	延患者数（名／月）	1,359	1,560	1,611	1,403	1,498	1,478
20	延患者数（名／日）	45.3	52.0	53.7	45.3	49.9	49.3
21	病床数	47 床	54 床	54 床	55 床	55 床	60 床
22	稼働率	96.4%	96.3%	99.4%	82.3%	90.8%	82.1%
23	平均単価（円）	14,063	14,700	14,928	13,025	14,384	17,909

外来部門の効率性（紹介・逆紹介）

　病院における外来部門の役割とは一体どのようなものでしょうか。

　かかりつけ医の機能は、原則的に地域の開業医に委ねられていることから、例えば病院の外来部門の役割には高度な検査等が考えられると思います。

　病院において、外来が担う本来の役割と現実が一致しているか

というと、なかなかそうはなっていないことの方が多いようです。改善のためには、医療に関する地域住民への啓発の必要性といった側面もありますが、それ以前に病院の勤務医の意識を変える必要があります。

表2-13の外科では、外来売上（8,000千円）は診療科全体の売上（28,000千円）の約28.6％を占めています。また、BM（ベンチマーク）より多くの患者を診療しています。この診療科の医師に対して、外来部門の効率化を勧めてもなかなか首を縦に振ることはないでしょう。

表2-13 【外科の診療科別損益】　　　　　　　　　　　　　　単位：千円

	外科					
	入院	比率	外来	比率	合計	比率
総医業収益	20,000	100.0%	8,000	100.0%	28,000	100.0%
材料費	4,800	24.0%	5,500	68.8%	10,300	36.8%
うち医薬品	3,800	19.0%	5,000	62.5%	8,800	31.4%
給与費	4,500	22.5%	3,500	43.8%	8,000	28.6%
うち医師給与	1,800	9.0%	1,000	12.5%	2,800	10.0%
うち非常勤医師	0	0.0%	1,500	18.8%	1,500	5.4%
貢献利益	10,700	53.5%	-1,000	-12.5%	9,700	34.6%
経費	2,000	10.0%	1,500	18.8%	3,500	12.5%
直接利益	8,700	43.5%	-2,500	-31.3%	6,200	22.1%
間接部門費用	2,000	10.0%	1,250	15.6%	3,250	11.6%
最終利益	6,700	33.5%	-3,750	-46.9%	2,950	10.5%
延患者数	350		500			
1日あたり延患者数（人）	11.3		25.0			
平均単価（円）	57,143		16,000			
損益分岐点医業収益高	11,184		20,000		23,333	
1日あたり延患者数（人）	6.3		62.5			
現状との差（人）	5.0		-37.5			
医師数（常勤のみ）	2.0		3.5			
医師1人1日受け持ち患者数(人)	5.6		7.1			
医師1人1カ月売上	10,000		2,286			

BM：受け持ち患者数（人）	5.0		5.1			
BM：医師1人1カ月売上	8,500		2,750			

118

　一方で、外来の患者構成比率及び売上構成（図2‑5）を見てみると、1日の診療料（平均単価）5,000円未満の患者層が占める診療割合は46.0％。ただし、その患者層が売上に占める割合は3.1％という数値が出ています。外来診療の46.0％は、症状の安定した方（平均単価5,000円以下）を診察する時間に利用されていますが、その売上は外来売上のわずか5％にも満たない3.1％です。

　この患者層を開業医と連携して、どう地域で見守っていくのかという議論が必要になると思われます。外来に来られている患者は、それぞれの病院を信頼されている方々だとすると、一概にこの考えは通用しないのかもしれませんが、機能分化がより推し進められる結果として、現状のやり方では採算があわなくなるという病院の近い将来像が浮かび上がってきます。

図2-5　【外来患者の構成割合と収益割合】

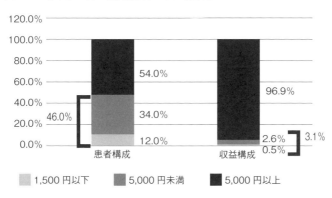

医師のモチベーションアップ

　分析対象を診療科で区分するためには、各診療科部長に対する損益の説明が必要です。病院長として、各診療科がどの程度稼働し

ているか（業績に貢献しているか）を把握するために活用できるのが診療科別原価計算です。

　診療科で区分をする際に、病院長が着目する点は単なる損益（黒字・赤字）にとどめてはいけません。各診療科がチーム医療を実施する中で、どれだけ他科と連携しているかも加味した評価が必要です。例えば、消化器内科と消化器外科による患者への医療サービスはどこで線を引くのかが難しいケースがあります（脳神経外科、神経内科も同様のケースがあると思います）。その場合は、診療内容に応じて各診療科の数値を単科で見るのではなく、関連性の高い診療科の数値を合算してみるべきです。合算した数値が病院として目指している医療体制と合致しているかどうかです。患者に満足いただいている結果として、利益（儲け）が出ているかを確認する必要があります。

　また「利益が出ている、出ていない」＝「サービスに満足いただけている、工夫が必要でないか」の視点で数値をみる場合、必ずフィードバックが必要になります。特に勤務医の方々には評価として手当（ボーナス）を支給することもいいですが、医療機器であったり、学会費（国内外問わず）など、医師の能力向上のための職場環境の整備に利用する方が望ましいです。

現場の勘所⑦　手術室の配賦基準

　二次配賦の中でも一番議論となりやすい手術室についてです。その他のコメディカルはであまりこの現象はないのですが、手術室に関しては、どうしても検討しなければいけません。

　黒字の部門と赤字の部門を按分することは、似て非なるものなので、しっかりと内容を認識しておいてください。

表1

単位：千円

手術室のコスト

材料費	5,500	※消耗品関係
給与費	10,000	※麻酔医、オペ看等
委託費	500	
設備関係費	4,000	
研究研修費	50	
経費	300	
一次配賦	500	
合計	20,850	

①手術収益（材料料を除く）が20,850千円以上の場合

収益	30,000	
費用	20,850	
合計	9,150	※手術部門として利益が出ている

②手術収益（材料料を除く）が20,850千円未満の場合

収益	18,000	
費用	20,850	
合計	-2,850	※手術部門として赤字

　表1のように、手術室のコストが20,850千円の場合、以下のようにケースを2つにわけて内容を確認します。

　ケース①：売上が30,000千円の場合
　手術室に関する売上がコストを上回っている場合、表2のように結果が出ます。

表2

①の場合 単位：千円

	外科	整形外科	脳神経外科	合計
収益	10,000	15,000	5,000	30,000
麻酔時間	350 分	300 分	150 分	800 分
占有割合	43.8%	37.5%	18.8%	100.0%
手術室配賦	9,122	7,819	3,909	20,850
利益	878	7,181	1,091	9,150
利益率	8.8%	47.9%	21.8%	30.5%

➡

①の場合 単位：千円

	外科	整形外科	脳神経外科	合計
収益	15,000	12,500	2,500	30,000
麻酔時間	400 分	325 分	75 分	800 分
占有割合	50.0%	40.6%	9.4%	100.0%
手術室配賦	10,425	8,470	1,955	20,850
利益	4,575	4,030	545	9,150
利益率	30.5%	32.2%	21.8%	30.5%

ケース②：売上が 18,000 千円の場合

　一方で、手術室に関する売上がコストを下回っている場合、表3のように結果が出ます。

表3

②の場合 単位：千円

	外科	整形外科	脳神経外科	合計
収益	10,000	6,500	1,500	18,000
麻酔時間	200 分	150 分	100 分	450 分
占有割合	44.4%	33.3%	22.2%	100.0%
手術室配賦	9,267	6,950	4,633	20,850
利益	733	-450	-3,133	-2,850
利益率	7.3%	-6.9%	-208.9%	-15.8%

➡

②の場合 単位：千円

	外科	整形外科	脳神経外科	合計
収益	15,000	3,000	0	18,000
麻酔時間	350 分	100 分	0 分	450 分
占有割合	77.8%	22.2%	0.0%	100.0%
手術室配賦	16,217	4,633	0	20,850
利益	-1,217	-1,633	0	-2,850
利益率	-8.1%	-54.4%	0.0%	-15.8%

　いずれの場合も外科が売上を伸ばしている条件で、全体の売上は手術室の占有割合（麻酔時間）を変動させないように計算しています。いかがでしょうか。本来、手術を多くした外科が評価されなければいけないはずが、ケース②のように手術室自体が赤字の場合、逆に費用が重く計上され、評価されるべき外科が赤字となっています。手術室自体が赤字の場合、マイナスの評価を振り分けてしまうことになるので、がんばればがんばるほど利益が出にくくなってし

まいます（性悪説によると……）。そのため、手術室全体の稼働を
高めることをしなければ、ケース①のように適正に評価することが
困難になります。

　そこで検討すべき内容が手術室の実施枠です。本来手術を実施
するものとして希望した枠数を基に、コストを按分することで実際
にその枠をフルに使用するか使用しないかがより利益に反映されま
す。先ほどとは異なり、手術を多く行った外科は適正に評価され、
手術が少なかった整形外科、脳神経外科について課題が浮き彫りに
なっています。

表4

①の場合　　　　　　　　　　単位：千円

	外科	整形外科	脳神経外科	合計
収益	10,000	15,000	5,000	30,000
実施枠	8コマ	15コマ	3コマ	26コマ
占有割合	30.8%	57.7%	11.5%	100.0%
手術室配賦	6,415	12,029	2,406	20,850
利益	3,585	2,971	2,594	9,150
利益率	35.8%	19.8%	51.9%	30.5%

①の場合　　　　　　　　　　単位：千円

	外科	整形外科	脳神経外科	合計
収益	15,000	12,500	2,500	30,000
実施枠	8コマ	15コマ	3コマ	26コマ
占有割合	30.8%	57.7%	11.5%	100.0%
手術室配賦	6,415	12,029	2,406	20,850
利益	8,585	471	94	9,150
利益率	57.2%	3.8%	3.8%	30.5%

表5

②の場合　　　　　　　　　　単位：千円

	外科	整形外科	脳神経外科	合計
収益	10,000	6,500	1,500	18,000
実施枠	8コマ	15コマ	3コマ	26コマ
占有割合	30.8%	57.7%	11.5%	100.0%
手術室配賦	6,415	12,029	2,406	20,850
利益	3,585	-5,529	-906	-2,850
利益率	35.8%	-85.1%	-60.4%	-15.8%

②の場合　　　　　　　　　　単位：千円

	外科	整形外科	脳神経外科	合計
収益	15,000	3,000	0	18,000
実地枠	8コマ	15コマ	3コマ	26コマ
占有割合	30.8%	57.7%	11.5%	100.0%
手術室配賦	6,415	12,029	2,406	20,850
利益	8,585	-9,029	-2,406	-2,850
利益率	57.2%	-301.0%	0.0%	-15.8%

　実務的には麻酔時間による占有割合と固定費として計上すべき
実施枠の双方を交えた配賦基準が現場としては、一番イメージがし
やすいでしょう。

6）診療科別損益計算書の見方

　診療科別であるからといって特段大きく見方を変える必要はありません。その中でもみるべきポイントは診療科合計として、どのような損益になっているかです（表2-14）。以下の点に注意しながらみてください。

　①診療科合計の最終利益
　②診療科合計の売上（医師1人あたり売上）
　③入院部門の最終利益
　④医師1人あたり受け持ち患者数（入院）
　⑤外来部門の最終利益
　⑥医師1人あたり受け持ち患者数（外来）

表2-14 【外科の損益計算書例】 単位：千円

	外科					
	入院	比率	外来	比率	合計	比率
総医業収益	20,000	100.0%	8,000	100.0%	28,000	100.0%
材料費	4,800	24.0%	5,500	68.8%	10,300	36.8%
うち医薬品費	3,800	19.0%	5,000	62.5%	8,800	31.4%
給与費	4,500	22.5%	3,500	43.8%	8,000	28.6%
うち医師給与	1,800	9.0%	1,000	12.5%	2,800	10.0%
うち非常勤医師	0	0.0%	1,500	18.8%	1,500	5.4%
貢献利益	10,700	53.5%	-1,000	-12.5%	9,700	34.6%
経費	2,000	10.0%	1,500	18.8%	3,500	12.5%
直接利益	8,700	43.5%	-2,500	-31.3%	6,200	22.1%
間接部門費用	2,000	10.0%	1,250	15.6%	3,250	11.6%
最終利益	6,700	33.5%	-3,750	-46.9%	2,950	10.5%
延患者数	350		500			
1日あたり延患者数（人）	11.3		25.0			
平均単価（円）	57,143		16,000			
損益分岐点医業収益高	11,184		20,000		23,333	
1日あたり延患者数（人）	6.3		62.5			
現状との差（人）	5.0		-37.5			
医師数（常勤のみ）	2.0		3.5			
医師1人1日受け持ち患者数(人)	5.6		7.1			
医師1人1カ月売上	10,000		2,286			

BM：受け持ち患者数（人）	5.0		5.1			
BM：医師1人1カ月売上	8,500		2,750			

　①～⑥は最低限確認するポイントです。それらの数値から以下のような考察を行います。

・医師の働き具合はどうか（自身の給料分は稼げているか。医師1人あたり売上12,000千円以上か）
・入院、外来それぞれの利益率はどうか（その結果、診療科として利益が出ているか）
・医療設備（高額医療機器）の償還はできているか（固定費は

回収できているか)

　示された数値は、日々の現場での医療行為の結果です。利益を追求するあまり、患者目線の医療ができなくなるのは本末転倒です。あくまでも、現場で医療従事者として適切と考えられる医療・サービスを実施し、患者から喜んでいただけているのであれば、結果として数値が伴ってくるはずです。結果が思ったようになっていない場合（利益が出ていない場合など）は、何か現状を改善する必要がないか、患者により満足してもらうためには何が必要かなどを試行錯誤する必要があります（ただし、利益が出にくい診療科があることは承知してください）。

　次に結果に対しては評価が必要です。診療科別で集計する意義は、それぞれの診療科に対して評価ができることです（言い換えると特定の医師に関して評価するものではありません）。そのため、処遇の改善に活用するか、職場環境の向上に活用するかは別途協議が必要です。

　赤字病院であっても、きちんと業績結果を出している診療科に対しては評価を、また黒字病院であっても、業績結果が芳しくない診療科には目標達成の習慣を身につけてもらう必要があります。

表2-15 【診療科全体における損益プロセス】

例) ●●科　主要な診療科							
外　来		外来の経営改善		**入　院**		入院の経営改善	
収益	10,000	・適正な患者数		収益	30,000	・定床	
費用	8,000	・適正な人員配置		費用	15,000	・適正な人員配置（看護部）	
直接利益	2,000	・外来患者からの入院		直接利益	15,000	・ベッドコントロール	
間接コスト	1,000	・外来診察の質		間接コスト	5,000	・KPI（平均在院日数、オペ件数等）	
コメディカルコスト	1,500			コメディカルコスト	4,000		
最終利益	-500	・医師1人あたり患者数		最終利益	6,000	・医師1人あたり患者数	
		・医師1人あたり患者数（常勤換算）				・過去の利益の積み上げ（BSの視点）	
延患者数	1,000		→	延患者数	800		
平均単価	10,000	外来入院件数	5名	平均単価	37,500		
		救急入院件数	15名				
		紹介入院件数	20名				地域包括ケア病棟に転棟せず、一般病棟のままベッドコントロールした場合
				↓			
				一般病棟		**地域包括ケア**	
				収益	20,000	収益	10,000	収益	8,000
				費用	10,000	費用	5,000	費用	5,000
				直接利益	10,000 +	直接利益	5,000	直接利益	3,000
				間接コスト	3,500	間接コスト	1,500	間接コスト	1,500
				コメディカルコスト	3,000	コメディカルコスト	1,000	コメディカルコスト	1,000
				最終利益	3,500	最終利益	2,500	最終利益	500
				延患者数	450	延患者数	350		
				平均単価	44,444	平均単価	28,571		
				・定床		・定床			

　表2-15のように、診療の大きな流れの中で、どのプロセスで採算がとれていないのか（非効率なのか）を明確にし、改善策を検討し、実施した後、どのような数値の変化があるのかを検証することが何よりも大事です。

　また、これまでのように単年度の損益（PL）だけに注力せず、長期的な貢献度＝繰越利益（BS）の視点を追加することで、医師が実施したいこと（医師の増員や医療機器の購入、新たな取り組みなど）に寄り添うことができると思います（表2-16-1、2-16-2）。

表 2-16-1 【内科の診療科損益】

【内科】   単位：千円

	H25 上半期	H25 下半期	H26 上半期	H26 下半期	H27 上半期
医業収益	820,000	860,000	880,000	770,000	800,000
人件費	450,000	450,000	430,000	430,000	435,000
変動費	220,000	240,000	230,000	200,000	220,000
固定費	160,000	160,000	160,000	160,000	160,000
医業利益	-10,000	10,000	60,000	-20,000	-15,000
間接費	10,000	10,000	10,000	10,000	10,000
最終利益	-20,000	0	50,000	-30,000	-25,000
繰越利益	-20,000	-20,000	30,000	0	-25,000
※ H25 年上半期から最終利益を積み上げた数値					
人件費率	54.9%	52.3%	48.9%	55.8%	54.4%
変動費率	26.8%	27.9%	26.1%	26.0%	27.5%
固定費率	19.5%	18.6%	18.2%	20.8%	20.0%
医業利益率	-1.2%	1.2%	6.8%	-2.6%	-1.9%
最終利益率	-2.4%	0.0%	5.7%	-3.9%	-3.1%
医師数（常勤）	14 名	14 名	13 名	13 名	13 名
医師1人1カ月あたり収益	4,881	5,119	5,641	4,936	5,128

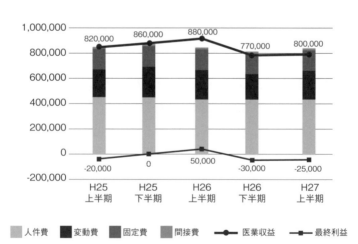

表 2-16-2　【眼科の診療科損益】

【眼科】　　　　　　　　　　　　　　　　　　　　　　　　　　　　　　　　　　　　　　　単位：千円

	H25 上半期	H25 下半期	H26 上半期	H26 下半期	H27 上半期
医業収益	155,000	155,000	140,000	160,000	175,000
人件費	65,000	65,000	68,000	68,000	70,000
変動費	35,000	38,000	38,000	38,000	38,000
固定費	38,000	38,000	38,000	38,000	38,000
医業利益	17,000	14,000	-4,000	16,000	29,000
間接費	5,000	5,000	5,000	5,000	5,000
最終利益	12,000	9,000	-9,000	11,000	24,000
繰越利益	12,000	21,000	12,000	23,000	47,000
※ H25 年上半期から最終利益を積み上げた数値					
人件費率	41.9%	41.9%	48.6%	42.5%	40.0%
変動費率	22.6%	24.5%	27.1%	23.8%	21.7%
固定費率	24.5%	24.5%	27.1%	23.8%	21.7%
医業利益率	11.0%	9.0%	-2.9%	10.0%	16.6%
最終利益率	7.7%	5.8%	-6.4%	6.9%	13.7%
医師数（常勤）	2 名	2 名	2 名	2 名	2 名
医師 1 人 1 カ月あたり収益	6,458	6,458	5,833	6,667	7,292

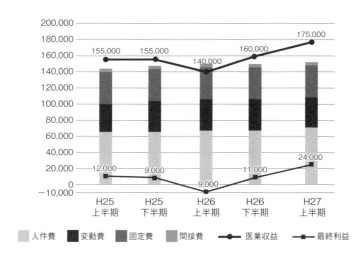

職場環境で各診療科の医師が気にされるのは、新しい医療機器（高額医療機器）の取得です。そのため、単年度の利益だけで判断せず過去の貢献度も加味し、なおかつ、償還計画を含め医療機器の購入をするかどうかの判断が必要です（当然、病院全体の利益も重要ですが、診療科への還元も十分考慮が必要です）。ただし、前述しているように利益が出やすい診療科とそうでない診療科があるため、設備投資への還元は利益の額によって制限を設けるのではなく、優先度に順位をつけるような取り組みがよいかもしれません。

7）管理会計を用いた医師マネジメントの事例
"気づき"のきっかけとしての管理会計

　ここからは管理会計を医師マネジメントに用いた事例をご紹介します。

　病院において一番影響力のある職種は医師です。この影響力ある医師が、主体的に病院経営へ貢献する行動をとるようになると、病院経営は劇的に良くなります。

　そのためには、医師に経営の視点で「気づき」を得てもらう機会をどう創出するかがポイントになります。人が主体的に行動するには、課題・問題を認識して、そこに取り組もうとする内発的な貢献意欲が必要です。つまり、現状の課題・問題への「気づき」が、主体的行動の第一ステップです。この「気づき」に管理会計を活用する可能性が見えてきます。

　「気づき」とは、「意識して気づこうとする」ことです。皆さんも時計や自動車、鞄など、自分が購入を検討している商品・ブランドがある場合、急に街中でその商品・ブランドが増えたような気がしたことはないでしょうか。実際には、その商品・ブランドが、街

中で急に増えたわけではありません。それは、自分の意識が、その商品・ブランドに向けられたことによって、従来は意識に残っていなかった商品・ブランドに気づくようになってしまい、急に増えたように感じたのです。

　私は研修講師の際に、それを証明するワークをよく行います。それは、「病院に一番近いコンビニのロゴを 1 分で書いてください」というワークです。実際に、ある離島の病院で研修を行った際に、そのワークを行いました。その島にはコンビニは F 社しかなく、病院の正面にも F 社のコンビニがある環境下で研修を行いましたが、F 社のロゴを正しく書けた方は皆無でした。研修の場でアンケートをとったところ、全員が 2 日に 1 回以上の頻度で F 社のコンビニを利用しており、約半数は毎日利用しているということでした。つまり、どれだけ頻回に利用したり、目にしていたりしても、「意識していないものは気づかない」ということです。このように意識して気づこうとしなければ、私たちは変化や異変に気づくことができません。

　管理会計としての診療科別損益計算書があれば、診療科単位での赤字・黒字という結果だけでなく、売上や変動費の 3 カ年時系列推移などを分析することができます。つまり、症例や使用薬剤・材料のトレンドを把握することができるわけです。さらに、損益分岐点分析を行うことで赤字診療科の場合は、黒字化するための必要患者数なども算出することが可能です。こうした時系列分析や損益分岐点分析を行うことで、「患者数が減っていないか？」「症例の中身が変化していないか？」「薬品・材料を使い過ぎていないか？」などの「気づき」を得てもらう機会がつくれます。また、「あと○名で黒字化できる」という改善へのマイルストーン（目標）にも気づけます。

管理会計を活かした医師とのコミュニケーション

それでは、民間急性期病院（450床超）の取り組み事例を紹介します。

この病院では、診療科別損益計算書を活用した多職種検討を踏まえて、診療科ごとの次年度のアクションプランを策定しています。実は、この病院では多職種検討の中で、①定性分析（SWOT分析）、②定量分析（診療科別損益計算書の検討）、③真因分析（多職種による診療データの検討）、④次年度アクションプランの策定、という4ステップを行っています。また、それぞれのステップでは「6ポイントマネジメント」と呼称した着眼点で検討を進めています。6ポイントとは、病院経営に影響を与える、"専門性発揮"、"患者満足"、"増患"、"売上性"、"プロセスマネジメント"、"医療政策・マーケット"、という6つの視点です。

①の定性分析では、6つの視点について「自院の強み」と「自院の課題・改善すべきこと」について、多職種で付箋紙に意見を書き出してもらって意見収集を進めます。ここで、③の真因分析で着眼すべきキーワードを見つけておくことがポイントです。「○○の薬剤使用量が増えている気がする」や「□□の平均在院日数が、DPC入院期間Ⅱを超しつつある」、「△△クリニックからの紹介が増えつつある」などです。ここで「○○」などの薬剤名・医療材料名や「□□」などの傷病名、「△△クリニック」などの紹介元医療機関名などのキーワードを把握しておき、③の真因分析の際に多職種からそれに関する診療データを持ち寄ってもらいます。

②の定量分析では、前述した診療科別損益計算書をもとに、①の定性分析で出た意見と医業売上や材料費の推移に整合性がとれているかを確認します。そのため、3カ年程度の自診療科との時系列

比較が有効です。院内平均や他科との比較をしても「他科と売上構造が異なる」という反論や感情的な不満が残るだけです。しかし、売上構造が同じ過去の自診療科との比較であれば、検討の納得性は高まります。他科との比較ではなく、過去の自診療科との比較がポイントです。

　診療科別損益計算書を導入し、経営会議での検討に活用している病院であっても、その資料を会議の際に配布・反映するだけだったり、期末・期初に振り返るだけだったりするケースが散見されます。ただ資料を作成するだけでなく、その資料に意識して気づこうとしなければ、「気づき」が生まれないので医師の主体的な貢献行動は実現しません。診療科別損益計算書を用いて定期的な多職種検討をすることで、医師の損益に対する理解度が高まり、③の真因分析へのモチベーションを高めるという効果もあります。

　そして③真因分析です。こちらは、前述したように多職種から紹介実績データや薬剤・医療材料などのデータ、さらにはDPCデータなどを持ち寄ってもらって検討を進めます。①定性分析で「○○」などの薬剤名・医療材料名や「□□」などの傷病名、「△△クリニック」などの紹介元医療機関名などのキーワードを抽出できていれば、関連する箇所に注目した検討が可能になります。「え、この薬剤こんなに高かったの？」や「○○（薬剤名）って、15mgと7.5mgでこんなに値段が違うの？　それなら15mgの方を分割できない？」など医師の気づきが生まれるので、医師の主体的・自発的な意見が出てきます。

　この医師の気づきを活かして④次年度アクションプランの策定です。④では、①〜③の多職種検討を踏まえて、次年度のアクションプランを策定します。まさに、「来年何をするのか？　の意思決定」

です。このアクションプラン策定において重要になるのは「施策の歯止めをかける」です。アクションプランを立案する病院は多いと思いますが、その実行の徹底度で差がついている印象があります。つまり、「計画すれども実行せず」です。きれいなアクションプラン、年度計画はあったとしてもそれを活用していなければ計画は絵に描いた餅です。そこで、施策の歯止めとして、四半期・月次での多職種検討の年間スケジュールを決めておきます。四半期・月次での多職種検討のスケジュールおよび、その多職種検討の場を召集する担当者を④で決めきっておき、施策の歯止めをかけておく必要があります。そこで、弊社がご支援する場合は④で検討すべきことを整理したアクションプランシートを事前に作成して④の際に記入してもらっています。①〜③の検討についてアクションプランシートを通じて振り返ってもらうとともに、四半期・月次での多職種検討のスケジュールおよび、その多職種検討の場を召集する担当者を記載する枠を設けておいて施策の歯止めをかけるようにしています。

　こうした①〜④のステップを踏んだ多職種検討を行うことで、医師には種々の気づきが生まれます。医師以外の職種の視点を入れて考えることで、これまで意識が向いていなかった薬剤・医療材料の品目ごとの納入価、高額な薬剤・医療材料の使用量の時系列推移、医療機関別の紹介数の推移などに意識が向くようになります。

　毎月の経営会議で薬剤・医療材料の使用量の発表があったり、日々の診療の中で薬剤・医療材料を使用していたとしても、その納入価や使用量の推移に意識を向けていなければ、行動改善にはつながりません。前述したように、どれだけ頻回に利用したり、会議で目にしていても「意識していないものは気づかない」ということです。そのため、気づきがないので、次の行動に移りづらいのです。

しかし、上記の①～③のステップを踏むことで、多職種検討の中で意識が向くようになり、その気づきが生まれた時点で④次年度のアクションプランを立案するので、医師の主体的な発言・提言が出てきます。さらに、①～③のステップでは、診療科別損益計算書や薬剤・医療材料の購入データ、DPC データなど、診療・財務のデータを根拠にチームミーティングを行っているので、採算性にも意識が向いて気づきが生まれます。

管理会計を活かした医師人事制度

次に医師人事制度への活用事例です。医師個人単位のモニタリングシステムとして医師人事評価制度があります。人事評価とは、評価対象期間内の貢献行動を正しく把握することです。この人事評価を踏まえて、年俸改定や賞与などの処遇への反映を行うことで医師人事評価制度として機能していきます。

医師の貢献行動を把握する場合は、定性面・定量面の両面をバランスよく見ていく必要があります。「患者対応」や「地域連携活動への貢献」「部下・他職種への育成指導」など、日々の働きぶりのような定性的な貢献行動とともに、「新入院患者数」や「手術件数」「在宅復帰率」など、数字でカウントできる定量的な貢献行動の両面があるからです。弊社が医師人事評価制度を設計する場合、定性面を「行動評価」、定量面を「目標達成度評価」で把握することが多いです。このうち定量面を把握する「目標達成度評価」で、管理会計としての診療科別損益計算書を活用することが多いのです。

目標達成度評価における目標設定では、「その目標値をどのレベルにするか？」という論点が出てきます。その際に、診療科別損益計算書があれば、根拠に基づく目標設定が可能になります。診療科

別損益計算書を作成している病院では、損益分岐点分析により、診療科別に黒字化させるための必要患者数が根拠をもって算出可能です。そこで、医師人事評価制度での目標設定における「その目標値をどのレベルにするか？」という論点において、損益分岐点必要売上新入院患者数は目標の下限値となります。多数の医師と目標設定面談をさせていただいている経験から言わせていただくと、「最低黒字化した目標を立てましょう」という提案は、大半の医師に納得いただける内容です。もちろん、診療科の構造上、どうしても黒字化が難しい診療科や、そもそも入院医療を行っていない診療科なども病院によってはあります。こうした特殊な事例は除きますが、おおむね「最低黒字化した目標を立てましょう」という提案は、理解いただけることがほとんどです。そこで、まずは損益分岐点必要売上新入院患者数を目標値の下限値に設定することで、各診療科が最低限黒字の目標を掲げるようになります。これにより、目標値を下げて達成率（％）を高めるという目標達成度評価で発生しやすい誤った運用を抑制することが可能になります。

　弊社が病院経営を支援しているなかで、病院全体は黒字化していたとしても診療科単位で分析すると赤字診療科と黒字診療科が混在していることが少なくありません。この診療科別損益計算書に基づく損益分岐点必要売上新入院患者数を目標値の下限値に設定することで、診療科単位の売上改善に取り組み「全診療科を黒字化する」という目標に向けて取り組むことが可能です。

　また、損益分岐点分析を行うことで「黒字化まであと○名必要」という改善へのマイルストーンにも気づけます。このマイルストーンに気づくことで、医師の主体的な行動が生まれます。医師人事評価制度における目標値はノルマではありません。医師の主体的な行

動を促すための気づきのきっかけです。

　このように医師人事評価制度を導入する上でも管理会計を活用することで、医師に自発的な「気づき」が生まれ、主体的な貢献行動を実現している病院が増えています。

| 現場の勘所⑧ | 空床による逸失利益と、空床は０円ではなく赤字 |

　今回は「病棟の空床による逸失利益と空床は赤字であること」について、解説します。

　病院にはどうしても、建物や医療機器といった設備関係の投資が必要で、また医師や看護師といった医療従事者がいなければ成り立たないため、人件費も一定以上かかり、固定費が大きい事業構造です。病院経営では、開設以来、常にこの課題に対応することになります。表１は１病棟にかかるコストの例です。

表１ 【病棟のコストの例】

単位：円

勘定科目	金額
人件費合計	18,696,533
委託費合計	2,000,000
設備関係費合計	2,500,000
研究研修費合計	100,000
経費合計	3,000,000
間接費	2,500,000
コメディカル費用	15,000,000
医業費用	43,796,533

病床 55 床

これらのコストは、病棟が稼働しようがしまいが、常に発生するコスト（それを固定費といいます）です。

　そのため、最大で１日 55 名の入院患者に対応できる体制が整っ

ている状態ですが、実際に 55 名の入院患者が利用するかどうかは話が別になります。

図1 【稼働率が 80％における 1 床あたりコストの変化】

※ 1 カ月あたりコスト＝ 43,796,533 円÷病床数
　（or 稼働病床数）
※ 1 日あたりコスト＝ 1 カ月あたりコスト÷ 30.4日

1）55 床に対する 1 床あたりのコスト

1 カ月 1 床 あたりコスト	1 日 1 床 あたりコスト
796,301	26,194

2）55 床（稼働率 80％）に対する 1 床あたりのコスト

1 カ月 1 床 あたりコスト	1 日 1 床 あたりコスト
995,376	32,743

6,549 コスト高

　図1をご覧ください。これらは、1）実際に許可されている病床数に対する 1 床あたりのコストと、2）稼働した病床に対する 1 床あたりのコストを比較しています。

　1）に関しては、1 床あたりのコストが 26,194 円となっています。2）に関しては、55 名分診ることができる体制のコストが稼働している病床数に適用されるため、32,743 円と許可病床の 1 床あたりコストに比べて 6,549 円高くなっています。言い換えますと 6,549 円分だけサービス料を高める必要があるということです（コストがかかった分は上乗せするのが商売の基本です）。

　ただ、実際にはなかなかこのような感覚は現場にはなく、肌感覚で「稼働率●％以上は現場が疲弊するのでマンパワーが足りない！」というような話が出てきます。現場でこのような表現を用い

つつ、常に低い稼働率での人員体制に慣れてしまったら、病床稼働を増やすことには反発が起きますので注意が必要です。最大稼働状況と平均稼働状況を考慮して、人員配置をすることが何より大切であるということです。

また、空床に関しては別の角度からも注意すべき点があります。本来稼働させることができたはずの病床なので、そこを利用しなかったことによる逸失売上（利益）の問題です。

図2は平均単価を 45,000 円と仮定した場合に1カ月間稼働させた数値です。1カ月間稼働した場合、得られる売上は 75,240,000円となります。一方で、稼働が 80％であった場合は、60,192,000円となり、稼働しなかった病床分 ▲ 15,048,000 円が逸失売上となります（逸失利益は材料比率 20％を控除した 12,038,400 円となります。固定費は売上が増えても減っても関係ないためです）。

図2　【平均単価 45,000 円の場合】

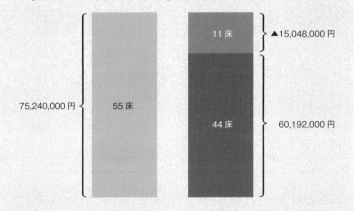

表2は各病棟別に実質売上と逸失売上をポートフォリオで表したものです。視覚的に表現することが効果的です（横軸が延患者数、

縦軸が平均単価、バブルの大きさが売上を表している）。

　病床に関する考え方は、空床に関してコストの面で０円ではなく赤字だという視点、売上の面で失っている売上、利益がある視点の双方を取り入れつつ、現場でコントロールしていただく重要性を指し示すことが必要です。

表2　【ポートフォリオ】

	一般	一般（空床）	回復期	回復期（空床）	療養	療養（空床）	
延患者数（人）	14,022	4,228	17,068	3,007	19,221	854	
医業収益（千円）	824,631	248,648	492,956	86,848	382,152	16,979	逸失収益
平均単価（円）	58,810	58,810	28,882	28,882	19,882	19,882	
稼働率	76.8%	23.2%	85.0%	15.0%	95.7%	4.3%	
病床数	50床	50床	55床	55床	55床	55床	逸失利益
原価率	24.9%	24.9%	13.5%	13.5%	10.2%	10.2%	
粗利	619,298	186,734	426,407	75,123	343,172	15,247	
平均在院日数	19.0日	19.0日	67.0日	67.0日	165.0日	165.0日	
1ヵ月の新入院患者数（人）		18.5		3.7		0.4	

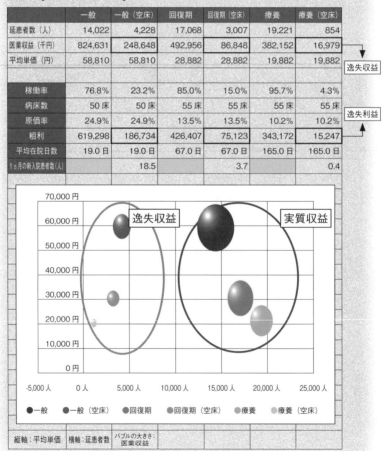

140

あるべき会議体制

1）会議は組織の縮図

前章において、早く正確に経営数値を把握することの大切さを再認識していただきました。そこで、それら数値を把握する場について念のために確認をします。

さて、皆さんは自院内で行われている会議について、どのように認識されていますか。有意義な会議であるという認識をもっていらっしゃる方は、あまり多くはないのではないかと思います。大抵は「義務感」「やらされ感」「時間の無駄」「回数が多い」……、といったネガティブな受け止め方が多いのではないでしょうか。かくいう筆者も、今の組織に勤め始めた当初は「会議が嫌い」でした。それは、「形骸化」した会議だからではなく、あまりにヒリヒリした雰囲気に感じられたからです。

会議は、一般的に何かを話しあう場という感覚が強いようですが、その要素よりも何かを決める場所という認識が適正です。

「何をいっている。現場の意見を聞きながら公正に議論をする場所が会議の場だ！」「いやいや、意見を共有する場所という認識の方が正しい！」

という声も聞こえてきそうですね。そうです、会議の場に対する、参加する人の姿勢や捉え方はそれぞれに異なっているのです。そこで、まずその会議では何をすべきであるかを明確化し共有する必要があります。この前提がしっかりとできていないままに、医療法や

診療報酬で必要だからといって実施している会議や委員会という位置づけでは、いつまでも同じようなメンバーで同じようなことを話しあっているということが少なからず発生しているのではないかと思われます。その会議の体質が、組織の体質そのものを表しているのです。私たちは会議に臨むスタンスを見れば、ある程度その組織における意思決定プロセスや組織運営について把握することができます。換言すると、会議形態をしっかりすることで、意思決定プロセスや組織運営の体質は変えることができるのです。

2）会議の目的

　ここで、会議の目的について整理をしておきましょう。詳細に分けると無数にありますが、本書では以下のように大別します。

　　①意思決定・統一をする会議
　　②執行管理・進捗管理をする会議
　　③連絡事項を伝える会議
　　④意見を出す会議（ブレーンストーミング）
　　⑤モチベーションを高める会議
　　⑥教育をする会議

　まずは、それぞれの会議がどのような意義をもっているかを明確にする必要があります。上記のそれぞれの目的をもった会議は、できる限り別々の時間に実施することが望まれますが、TPO に応じて組み合わせることも可能です。ただし、組み合わせる場合でも今どのような趣旨の議論をしているかを、常に明確にしておくことが求められます。

3) 有意義な会議の進め方

実際に会議を進めるにあたってのポイントをお伝えします。最低限以下の 4 項目について、意識していただければ、会議として基本的に機能していきます。

①会議運営におけるルールの設定

・会議の時間及び時間帯。

・参加者。

・「礼」に始まり、「礼」に終わる。

・遅刻厳禁　等。

②アジェンダ（議題）の周知

・会議が開催される前々日までには、議論される内容について周知する。

・数値等ギリギリまでわからないものについては柔軟に対応する。

・議題の説明はせず、すぐに議論に入る。

・過去の議事録については、常に議題の最終ページに付し、確認をしておく。

③ファシリテーター（議事進行）

・タイムキーパー（記録・時間係）の設置。

・議題を時間通りに進ませるためのファシリテーターを設置し、決定すべき議題についてとことん議論するのではなく、限られた時間内で決定すべきことを議論する（未決事項の決定や、データがないものについて推測、憶測で議論をむやみに展開しない）。

・タイムキーパーは事前に申請された議題について議論を進めていく。当日持ち込まれた議題については、まず議論するか

どうかを決定する。

④議事録の有効活用

・議事録は当日〜３営業日までに関係者に配布する。

・決定されたことを記載することはもちろん、欠席者に対しては、どのような議論の経過により、そのような決定に至ったのかをわかるようにする。また、未決事項の実施期限について必ず明記する。

　以上の４項目について徹底することができれば、会議は引き締まったものになり、組織における１つの会議体としての役割を果たすことができます。

４）病院における会議の種類

　病院によって名称が異なる場合があると思われますが、会議は、おおむね表２-17の形態に区分することができます。

①理事会：経営の意思決定機関であり、法人の方針、運営方法について決定する。

②経営会議：病院の幹部層が病院の経営について実務的にどうするかを意思決定する機関。理事会とあわせて実施されているケースがある。主な議題は利益について。

③運営会議（実績検討会議）：各所属長が病院の現場運営についてどうするかを検討する会議。より現場に近い目線で実施される。主な議題は売上について。

④連絡会議：情報を伝達するために必要な事項、委員会活動などの報告が該当する。

表 2-17 【会議の種類】

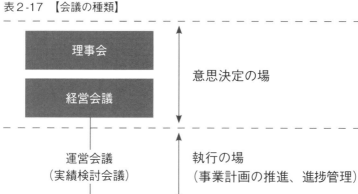

機関	区分	メンバー	内容
理事会	意思決定	理事	法人の運営、方針等に関する意思決定
経営会議	意思決定	部門長以上	法人の運営、方針等に関する意思決定（理事会が機能すれば不要）
運営会議（実績検討会議）	執行管理	所属長以上	事業計画の推進、実績管理のためのPDCAの実施 運営上の方針や問題点等に関する情報の共有、提案、検討
連絡会議	連絡事項の共有	役職者以上	必要事項の共有

　経営がうまくいっていない病院の大半は、会議自体が形骸化しており、「時間の無駄」であったり、「理事層の謝罪や評論家のコメント」のような場になっているように感じられます。そこで、病院運営においては、開催されている会議がどのような意図をもって、どのような議題を解決するための集まりの場であるかを再認識していただくことが必要です。

5) 運営会議とは

　運営会議は病院経営における「売上」についてどのような対策を講じるかを検討する場です。売上は、「いかにお客さま（患者）から選んでいただけたかのバロメーター」であり、同時に「地域において雇用を創出する源泉」にもなります。医療機関では、「増収」という言葉を必要以上に敬遠する風潮がしばしば見受けられますが、決して単なる金儲けの話ではなく、いかに自身の組織が地域によって選んでいただいているかを真摯に受け止める指標であると認識する必要があります。

　運営会議は、各所属長が前月の実績に対して、当月の取り組みと前月取り組む予定であった項目の進捗状況等を確認するもので、最低でも以下6項目の報告が必要になります（⑥については予算を下回った場合）。

①前月と前々月売上との比較
②前年度同月売上との比較
③予算との比較
④売上の増減の原因や毎月管理をしているクリニカルインディケーターの分析
⑤増収対策について
⑥他施設、他部門への協力要請内容

　同じグループ、法人、施設であったとしても、部門が異なればコミュニケーションの頻度が減少してしまうものです。そこで、運営会議の場を活用して、現場が描いている道筋（計画）に沿っているかどうかのPDCAを行うことが何より重要です。

6) 経営会議とは

　経営会議は、病院の幹部層が自院の方向性について検討する会議です。会計上わかりやすく表現すると、「利益」に関して追求する会議といっていいでしょう。そのため開催時には、月次の試算表や、四半期、半期の経営分析結果が必須となります。

　経営会議では、すでに運営会議で検討された売上等の内容の承認や病棟機能の転換等、病院経営に大きな影響を与える意思決定を行います。また、診療報酬改定や介護報酬改定のタイミングでは意思決定する内容が多くなります。それ以外では、費用面についての検討がなされます。大きな項目から「設備投資」に関する意思決定、「人材採用」に関する意思決定、「昇給・昇格・賞与」に関する意思決定、「委託業者の選定」に関する意思決定等がなされていきます。

　経営会議がしっかりしている組織ほど、意思決定に至るプロセス、スピードが安定しているため病院運営も滞りなくできているようです。

　某病院では、会議を実施する際にロの字（円卓）で会議をされていました。そこまでは他院でも目にする光景ですが、なぜか部屋の隅の壁際に椅子だけが数脚配置されていました。そこは会議の時間に遅れた人が座る椅子だそうです。会議の場は真剣な場所であるという環境を整えた上で、ド真剣に病院の運営、経営について語られる場所となっていました。

第3章

中長期における
財務管理体制

第3章では、財務管理の本当の目的である、未来の可視化について述べています。

　財務は法人組織の未来の予想図を描くことのできる貴重な手段です。現状がこのまま続けば、どのような未来が待っているのか。施設の建替え、事業承継、大規模な設備投資や改修工事など、すでに想定される未来があるのであれば、それらのイベントが法人の未来にどのような影響をもたらすのかを、明確に指し示すことができます。

　本章ではこれらの中長期計画を策定する際の重要なポイントや視点を記述しています。私たちの経験の中で、この中長期計画を金融機関へ提出するためだけのものとして捉え、取り繕いで終わらせてしまっている組織も数多く見てきました。十分な議論をせずに立てられた、おざなりな中長期計画では、想定通りにいくはずはありません。当然のことながらよい方向に向かうことはなく、結局こんなはずではなかった、というようなことになる原因となります。

　本章では、この中長期計画を利用して、法人運営の中で運命を左右する大きなイベントを合理的な判断で可視化する事例を記載しました。そして、そこから毎期必要利益を算出し、単年度の予算計画をどのように作成していくべきかをまとめています。

未来を創る財務管理体制

1）法人全体の予算管理のステップ

予算策定は第３四半期から

　予算策定は定款で義務づけられているものですが、策定のタイミングは各法人に委ねられています。予算策定では今期の実績と今期の着地見込みを考慮し、中長期的な医療政策の方向性と外部環境を整理し、法人の経営資源の現状と課題を把握した上で、来期の具体的な施策を定め深く掘り下げを行います。

　予算策定の目的は、永続的な医療・介護サービスを提供し続けることです。そのためには、適正な利益は必要不可欠です。もちろん、医療の質を高める努力は当然のことです。しかし、医療の質を高める代わりに、経営の質である利益を損なってよいかというと決してそうではありません。医療の質と経営の質をバランスさせるためにも、予算策定のステップは必須事項です。前年度を踏襲するだけの予算は、医療の質も経営の質も向上させません。そして、経営の質を上げるということは職員のレベルを引き上げることと言い換えることもできます。

　予算策定では、医業売上の現状と課題の認識、施設基準の見直し、救急患者の受入件数や各診療科のオペ件数、病室の稼働率、中央材料室の発注管理、マンパワーの過不足状況や定年退職者、職種別の新入職員の募集人員、奨学金の対象予定者数と貸与予定額、奨学金

の免除額、各部門の設備投資の有無、新規事業の展開の有無などのありとあらゆる情報を集約して組み立てる必要があることから、幹部クラスの育成ステップは必要不可欠であり、財務部門や事務長が全体把握を隅々まで行うためにも重要なイベントになります。

　予算策定においては、法人の現状を把握することから始め、計画の完了、理事会・社員総会の承認までは一定の時間を要することから、第3四半期から着手するスケジュールが望ましいと考えられます。予算策定のタイミングが早すぎると、今期の着地見込みが見通せないため、来期の予算にブレが生じる可能性が高くなります。逆に、タイミングが遅すぎると、十分な検討や議論を行うことができないまま予算策定を行い、理事会や社員総会に上程することになりかねません。3月決算であれば、11月から着手し始め、12月の初旬から中旬には予算大綱を作成し、予算案の骨子を策定することになります（表3-1）。

表3-1　【予算策定のスケジュール】

11月	7カ月分までの実績を基に今年度の実績見通しの検討
	新規設備投資、リプレイスの必要性の確認
	採用予定者の確認
12月	予算大綱の作成
1月	事業所別の予算策定
2月	
3月	運営会議・理事会・社員総会で承認

予算策定に必要な財務資料

予算策定では、以下の資料が最低限必要となります。

①前期の時系列損益推移表

　・今期の着地見込みを前期の損益を考慮して作成するため。

②今期の時系列損益推移表

　・今期の医業売上や医薬品費、診療材料費等の変動費や人件
　　費等の固定費のトレンドを把握するため。

③借入返済表

　・来期の借入返済額を把握するため。

④固定資産台帳または減価償却の一覧表

　・リプレイスが必要な固定資産や無形資産を耐用年数から判
　　断するため。

⑤来期の入職者数と職種別の基本給

　・来期の増員予定を考慮し、既存スタッフの昇給予定額と賞
　　与見込み額を計算するため。

⑥リース一覧表

　・リースアップ資産がある場合は、再リースまたは買取りを
　　判断するため。

⑦総勘定元帳

　・勘定科目の内容ごとに一つひとつ、見直しの可能性を検討
　　するため。

⑧診療行為別集計表やクリティカルインディケーター

　・医療の質を向上させることで、診療単価のアップの見直し
　　を検討するため。

予算大綱と必要利益の考え方

予算大綱とは、予算の基本骨子と言い換えることができます。

具体的には、中長期的な設備投資を考慮した上で、来期の必要

利益を算出することが第1ステップです。必要利益を算出できれば、損益分岐点の応用で必要となる医業売上を計算することができます（図3-1）。

図3-1 【収支分岐点】

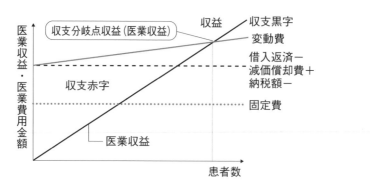

医療機関は借入金があるのが当たり前ではなく、中長期的には無借金経営を目指し、財務体質を強めることがスムーズな事業承継を行うためにも重要です。財務体質を強めることを常に意識すれば、体質は必ず改善しますし、意識しなければ将来世代に永続的な医療を継続させる礎を築くことはいずれ困難となります。

必要利益の金額は、医療機関の組織の大きさ、医療機能の違い、設備投資のタイミングなどによって異なります。しかし、必要利益を算出するための考え方は、どの医療機関にとっても普遍的なもので、基本は、①借入れの返済原資、②昇給賞与の原資、③リプレイスを含めた設備投資の原資の合計金額が最低限の必要利益の金額です。

表3-2は、借入金を減らすことで財務体質の強化を図ることを

軸に考えられたものです。つまり、必要なキャッシュは借入れによる調達ではなく、利益から調達することを前提としています。そのため、奨学金の貸与等も必要利益の計算に含めています。また、キャッシュアウトのリスク要因として、消費税率引き上げの可能性が想定されることがあげられます。

表3-2 【予算大綱例】

第○期　予算大綱（案）

[第○期　必要利益]　単位：千円

資金収支
<支出の部>
1．税金納付		
（1）前期（　期）確定納税	234,000	234,000
2．借入金返済		
（1）既存借入金返済	300,000	300,000
3．設備資金		
（1）機器・備品・工事設備	240,000	
（2）各施設重点施策関連		
（3）電子カルテ更新	20,000	
（4）		260,000
4．その他		
（1）奨学奨学金	10,000	
（2）貸付金（職員住宅貸付金等）	2,000	
（3）中期計画積立　高額医療器	0	
（4）中期計画積立　建替え	0	
（5）消費税増税分	10,000	22,000
②　支　出　合　計		816,000

<収入の部>
1．貸付金戻入	2,000	
2．		2,000
②　収　入　合　計		2,000

※差引必要資金（①-②）　814,000

<調整事項>
（A）減価償却費（前期実績予測）	※マイナスで入力してください 0
（B）減価償却費（当期中追加分）	※マイナスで入力してください
機器・備品	0※マイナスで入力してください
重点施策関連	0※マイナスで入力してください
（C）次期減価償却費	-125,151※マイナスで入力してください

※調整後　差引必要経常利益　688,849

[必要経常利益より、必要「医業収益」を算出]　単位：千円

法人合計

	金額（千円）	対実績予測比	構成比	計算根拠
医業収益	7,027,644		100%	
診療原価	864,400		12%	原価率○%として設定
人件費	4,500,000		64%	人件費○%増減
一般管理費	800,000		11%	
			0%	
[医業利益]	863,244		12%	
医業外収入	42,958		1%	
			0%	
医業外費用	92,202		1%	
			0%	
[償却前利益]	814,000		12%	
減価償却費	125,151		2%	
[経常利益]	688,849		10%	

688,849 確認

固定費　6,163,244
変動費率　87.7%

必要「医業収益」は法人合計で、約　**7,027,644**　千円

この色に入力をする

現場の勘所⑨　対前年10%アップ予算

　私たちは多くの医療機関で予算策定や中期計画の策定支援をさせていただいています。

　経営状態が芳しいとはいえない医療法人で予算策定の打合せを

すると、理事長や事務長、財務部長の口からは以下のような言葉ばかり耳にします。

・現場は疲弊しているのでこれ以上、無理をさせられない。
・精一杯やっているので来期は売上予算を落とさないと医師が疲弊する。
・来期は診療報酬改定の影響があるので、赤字になってもしょうがないだろう。
・医師が増えれば売上は上がるが、医師が増えていないのでこれ以上は何もできない。
・銀行に支援してもらわないとしょうがない。銀行に無理にでも融資を継続してもらって、乗り切るしかない。

　一方で、業績を毎年伸ばしている医療法人からは、次のような前向きなコメントが寄せられます。

・まず10%の予算アップをすることから組み立てをする。
・病床稼働率が限りなく100%に近くても、回転率を上げれば売上はまだ上がる。
・診療報酬が削られたとしても、医療と介護のすべての点数がマイナス改定になっているわけではないのだから、やるべきこと、整備すべきことはまだまだある。
・医療の質と介護の質を上げて、隙間をなくすことで地域に支持される医療機関を目指せば自ずと結果はついてくる。
・医師とのコミュニケーションを深めれば、仕組み化できていない医療サービスを提供することで、とりこぼしている診療

　点数を拾い上げることができる。
・地域のニーズに目を向けて応えていけば、また、行政とのコ
　ミュニケーションを深めていれば、自ずと事業の広がりをつ
　くることができる。

　このように地域や患者と向き合う姿勢や考え方の違いと、他責
にせずに自責で前向きに変化を起こし取り組んでいるかどうかが、
予算の策定の考え方や実績に大きく表れます。
　また、業績を伸ばしている法人は理事長や院長が率先して救急
を受け入れ、病棟で患者を診て、会議の時間にも遅れることなく出
席しているところがほとんどです。トップの姿勢が明確で、医療政
策の動向を注視し情報収集を行うことで、常に一歩二歩、先々のこ
とを考えた組み立てをされています。
　院長、看護部長、事務長のコミュニケーションの円滑な法人に、
業績を伸ばしているところが多いのは、現場で起こっていることを、
それぞれの立場から信頼関係をもって話をしているからに他ならな
いと思われます。

中長期的な予算引当の考え方

　医療機関は建築後 30 年を目処に施設の建替えが必要になります。
また、その間にも空調や水回りなどの設備を含めたライフサイクル
コストが発生し、あわせて高額医療機器や電子カルテ等、一定のサ
イクルで高額なリプレイスも必要になります。さらに、建替え移転
等では、新たな土地の取得や土壌汚染対策を考慮しなければならな
いケースもあります。
　そうした設備投資に対して、必要になった段階で再投資の金額

を見積もっても、単年度の利益だけですべての金額を賄うことは困難です。そのため、中長期的な設備投資を5年から10年、建物に関してはさらに超長期的視野から再投資額を見積もり、将来に向けた設備投資引当金として見積金額を算出します。

この考えに沿って運用すると、必要利益が膨大な金額になることから、予算策定を無駄だと感じられる方がいるかもしれません。しかし、本来確保しなければならない必要利益から目を背けず理解することが、財務体質を長期的に強化するためには必要なステップです。

例えば、設備投資引当金を個別に見積もり、再投資のタイミングを現場と丁寧にすり合わせることで後ろ倒しにする。中長期的な設備投資の引当期間を延ばしながら、借入金によって資金負担を軽減することで、いくつかのパターンを組み合わせて必要利益の着地点を模索する。また、その模索した過程やステップを記録に残すことが、翌年度の予算策定に活きてきます。その繰り返しが、財務体質を引き締める成果につながります。

中期的な引当金の違いによる必要利益の違いを、以下表3-3、表3-4の予算大綱に示します。ここでは法人税等の納税資金は割愛しています。

表3-3 【パターンA】 中期的に必要な高額医療機器の引当金を反映させた場合

第○期 予算大綱（案）

[第○期 必要利益]		単位：千円
資金収支		
＜支出の部＞		
1. 税金納付		
（1）前期（ 期）確定納税	234,000	234,000
2. 借入金返済		
（1）既存借入金返済	300,000	300,000
3. 設備資金		
（1）機器・備品・工事設備	240,000	
（2）各施設重点施策関連		
（3）電子カルテ更新	20,000	
（4）		260,000
4. その他		
（1）看護奨学金	10,000	
（2）貸付金（職員住宅貸付金等）	2,000	
（3）中期計画積立 高額医療機器	90,000	
（4）中期計画積立 建替え	0	
（5）消費税増税分	10,000	112,000
① 支 出 合 計		906,000
＜収入の部＞		
1. 貸付金戻入	2,000	
2.		2,000
② 収 入 合 計		2,000
※差引必要資金（①−②）		904,000
＜調整事項＞		
（A）減価償却費（前期実績予測）	※マイナスで入力してください	
	0	
（B）減価償却費（当期中追加分）	※マイナスで入力してください	
機器・備品	0 ※マイナスで入力してください	
重点施策関連	0 ※マイナスで入力してください	
（C）次期減価償却費	-125,151 ※マイナスで入力してください	
※調整後 差引必要経常利益	778,849	

[必要経常利益より、必要「医業収益」を算出] 単位：千円
法人合計

	金額（千円）	対実績予測比	構成比	計算根拠
医業収益	7,130,267		100%	
診療原価	877,023		12%	原価率○%として設定
人件費	4,500,000		63%	人件費○%増減
一般管理費	800,000		11%	
			0%	
[医業利益]	953,244		13%	
医業外収益	42,958		1%	
			0%	
医業外費用	92,202		1%	
			0%	
[償却前利益]	904,000		13%	
減価償却費	125,151		2%	
[経常利益]	778,849		11%	

778,849 確認
固定費 6,253,244
変動費率 87.7%

必要「医業収益」は法人合計で、約 7,130,267 千円

←この色に入力をする

表3-4 【パターンB】 パターンAにさらに中長期的に必要な建替えの引当金を考慮した場合

第○期 予算大綱（案）

[第○期 必要利益]		単位：千円
資金収支		
＜支出の部＞		
1. 税金納付		
（1）前期（ 期）確定納税	234,000	234,000
2. 借入金返済		
（1）既存借入金返済	300,000	300,000
3. 設備資金		
（1）機器・備品・工事設備	240,000	
（2）各施設重点施策関連		
（3）電子カルテ更新	20,000	
（4）		260,000
4. その他		
（1）看護奨学金	10,000	
（2）貸付金（職員住宅貸付金等）	2,000	
（3）中期計画積立 高額医療機器	90,000	
（4）中期計画積立 建替え	200,000	
（5）消費税増税分	10,000	312,000
① 支 出 合 計		1,106,000
＜収入の部＞		
1. 貸付金戻入	2,000	
2.		2,000
② 収 入 合 計		2,000
※差引必要資金（①−②）		1,104,000
＜調整事項＞		
（A）減価償却費（前期実績予測）	※マイナスで入力してください	
	0	
（B）減価償却費（当期中追加分）	※マイナスで入力してください	
機器・備品	0 ※マイナスで入力してください	
重点施策関連	0 ※マイナスで入力してください	
（C）次期減価償却費	-125,151 ※マイナスで入力してください	
※調整後 差引必要経常利益	978,849	

[必要経常利益より、必要「医業収益」を算出] 単位：千円
法人合計

	金額（千円）	対実績予測比	構成比	計算根拠
医業収益	7,358,317		100%	
診療原価	905,073		12%	原価率○%として設定
人件費	4,500,000		61%	人件費○%増減
一般管理費	800,000		11%	
			0%	
[医業利益]	1,153,244		16%	
医業外収益	42,958		1%	
			0%	
医業外費用	92,202		1%	
			0%	
[償却前利益]	1,104,000		15%	
減価償却費	125,151		2%	
[経常利益]	978,849		13%	

978,849 確認
固定費 6,453,244
変動費率 87.7%

必要「医業収益」は法人合計で、約 7,358,317 千円

←この色に入力をする

表3-2では、設備投資引当金を考慮していないため、必要な医業売上は7,027,644千円ですが、表3-3は高額医療機器引当金を計上したことで必要な医業売上は7,130,267千円となり、102,623千円増額になります。

　さらに表3-4では、建替えの引当金を計上したことで、必要な医業売上は7,358,317千円となり、何も引当てをしないときよりも330,673千円増額、また、高額医療機器の引当をしたときよりも228,050千円増額となっています。

コストマネジメント

　予算策定においては、現場からの設備投資の要請にメリハリをつけて見直しをするだけでは、必要利益を手の届く範囲に着地させることが難しいケースがしばしば起こります。そのためにも、経費は最小限に、かつ毎年の見直しが必要です。予算策定時には、総勘定元帳を見返して必ず科目ごとの見直しを実施します。

　例えば、委託費の単価や契約内容そのものについて見直しを行います。昨年実施したから今年は不要ということはありません。契約単価や契約内容そのものの見直しは、管理部門の役割として毎年必ず行う必要があります。

　同様に、変更が難しいと思われがちな地代家賃や保守料についても、一つひとつ、丁寧な見直しを行うことを根付かせることが大切です。

　以下に経費項目別のポイントを紹介します。

①医薬品・検査委託費

・卸業者ごとの薬価差益を後発品とその他のカテゴリーに

区分して何％あるのかを確認。ベンチマークによる比較検討により、コスト削減の実現可能性の有無を検討します。

②清掃委託・夜間受付・託児所

・面積あたりの清掃単価、清掃場所や頻度の検討の他、一括契約による値引き交渉の可能性を検討します。

③駐車場管理

・外来患者数の確認とあわせて、委託時間の見直しの可能性を検討します。

④設備保守関連

・ベンチマークによる比較検討により、コスト削減の実現可能性の有無を検討します。

⑤寝具・リネン関係

・契約単価のベンチマークによる比較検討と、支払形態が使用実態と一致しているかを検討します。

⑥高額医療機器の保守メンテ

・保守契約の必要性の検討と、交換部品費用が含まれているかどうかを確認します。

⑦機器レンタル

・ベンチマークによる比較検討により、コスト削減の実現可能性の有無を検討します。

⑧ごみ収集・複合機

・契約形態の見直しにより、コスト削減の実現可能性の有無を検討します。

さて、経費だけがコストではなく、税金もいわゆる税金コスト

として削減可能性について検討しなければなりません。

　税金は変動費であることから、その削減は必要な医業売上にも大きく影響します。財務体質を強化するためには、理事長を含めてその効果と有用性について十分な検討をする必要があります。

　例えば、特定医療法人であれば、医療法人よりも法人税等が優遇されていることから、税金コストを抑える効果も期待されます。また、社会医療法人においては、本来業務が非課税であるため、税金コストの大幅な削減につながります。

　ただし、特定医療法人・社会医療法人ともに、同族要件やガバナンスの見直しが必要であり、社会医療法人については、救急医療等確保事業に合致した要件をクリアし続けなければならないことから、検討は慎重に進める必要があります。

2）予算に対する実績検討

対前年比較

　予算は策定するだけではまったく意味がありません。予算策定と実績確認を一体的に運用することで初めて意味が生じます。この一体的な運用ができるようになるまでには、最低3年の期間を要します。初年度は前年実績を基に十分な理解がなされていない中での予算を作成しています。そこで実績比較をすると、その差の大きさに愕然とすることも少なくありません。

　差額が大きな要因としては、

　・試算表が予算実績に耐えうる精度まで高まっていない

　・内容の精査が十分に行えていない

　・現場の動きを十分に把握することができていない

　・法人全体を俯瞰することができていない
などがあげられます。

　実施初年度に生じる実績比較の差額については、一つひとつ記
録に残すことが２年目の予算策定の精度向上に大きく寄与します。
２年目は初年度の反省を基に計画策定をするため、十分な時間をか
けながら実施します。それでも、イレギュラーなことは発生します
し、目線がまだ高まりきれていない点もあって差額の発生は不可避
です。そして、実施後３年目にしてようやく、予算策定に必要な人
員調整や役割と期限を明確にすることで、一定の精度のある計画策
定が完成することになります。

　実績比較にはいくつかの方法がありますが、まず実施するのは、
対前年比較です。予算を策定していない場合は、対前年比から業績
を比較検討することになりますが、実績は十分に検討した数値では
ない、成り行きベースの数値であるため、前年と比較して良かった
のか、逆に悪かったのかを何となく比較検討する程度にとどまりま
す。

予算と実績比較の確認、予算消化率

　予算と実績を比較検討する場合は、予算根拠との比較の中から、
予算との差がなぜ発生したのかの要因を細部にわたって確認しま
す。これが予算を策定する最大の効果であり、経営マインドを高め
る最大のポイントでもあります。予算との差が発生すること自体は、
必ずしも悪いことではありません。その要因を理解することが、翌
年の予算策定の精度の高まりにつながります。

　単月の予算差額を確認すると同時に、累計での予算と実績の達
成状況を予算消化率といい、これを比較検討することが、トレンド

を把握することにつながります（表3-5）。

　予算への意識づけを法人全体に広めるためには、利益の進捗度に応じて設備投資のタイミングを調整することも方法の1つです。具体的には、診療の質に極端に影響を及ぼさない設備投資について、利益の進捗の遅れや見込み利益が未達成の場合は、来期以降に設備投資を遅らせるなどの調整をしている医療機関もあります。

表3-5　【予算と消化率】　　　　　　　　　　　　　　　（単位：千円）

	勘定科目	予算	実績	実績累計	消化率	前期累計	前期比較
I	医業収益						
1	入院診療収益	2,000,000	2,100,000	19,530,000	104.30%	19,139,400	102.0%
2	室料差額収益	500,000	489,000	3,912,000	97.20%	3,716,400	105.3%
3	外来診療収益	900,000	870,000	8,526,000	105.60%	8,696,520	98.0%
4	保健予防活動収益	230,040	240,300	2,282,850	101.20%	2,305,679	99.0%
5	受託検査・施設利用収益	23,094	18,000	163,800	100.20%	160,524	102.0%
II	医業費用						
1	材料費						
	（1）医薬品費	140,000	147,000	1,455,300	106.30%	1,382,535	105.3%
	（2）診療材料費	106,000	111,300	1,090,740	105.60%	1,079,833	101.0%
	（3）医療消耗器具備品費	68,000	71,400	571,200	96.90%	542,640	105.3%
	（4）給食用材料費	88,000	92,400	859,320	101.20%	876,506	98.0%
2	給与費						
	（1）給料	1,040,000	1,063,920	10,532,808	103.70%	10,216,824	103.1%
	（2）賞与引当金繰入額	520,403	505,438	4,700,573	97.40%	4,606,562	102.3%
	（3）退職給付費用	30,404	29,084	203,588	70.25%	201,552	101.0%
	（4）法定福利費	304,050	310,405	3,041,969	102.40%	2,950,710	103.1%
3	委託費						
	（1）検査委託費	120,490	100,304	932,827	101.80%	905,775	103.0%
	（2）給食委託費	230,949	210,405	1,956,767	100.40%	1,943,069	100.7%
	（3）寝具委託費	792,030	739,503	6,877,378	100.50%	6,783,934	101.4%
	（4）医事委託費	70,294	83,999	781,191	96.90%	792,920	98.5%
	（5）清掃委託費	94,050	94,050	874,665	100.20%	920,304	95.0%
	（6）保守委託費	184,900	204,050	1,897,665	101.20%	1,729,394	109.7%
	（7）その他の委託費	20,404	19,830	184,419	98.00%	185,000	99.7%

4	設備関係費						
	(1) 減価償却費	283,000	290,500	2,701,650	101.30%	2,503,950	107.9%
	(2) 器機賃借料	45,000	450,000	4,185,000	102.90%	4,920,300	85.1%
	(3) 地代家賃	23,040	230,400	2,142,720	100.00%	2,142,000	100.0%
	(4) 修繕費	83,045	164,020	1,525,386	75.90%	2,000,000	76.3%
	(5) 固定資産税等	40,500	50,000	465,000	80.70%	464,000	100.2%
	(6) 器機保守料	94,033	963,000	8,955,900	94.00%	8,032,949	111.5%
	(7) 器機設備保険料	3,040	50,000	465,000	97.90%	429,405	108.3%
	(8) 車両関係費	8,302	93,050	865,365	87.90%	729,304	118.7%

　表3-5で、消化率が100％を超えているのは、予算よりも実績が上回っている場合です。すなわち、医業売上は消化率が100％を上回っていれば、予算よりも業績が上回っていることを示しています。また、医業費用の消化率が100％を上回っている場合は、予算よりも経費の支払が多くなっていることを示しています。経費の消化率が100％を上回っている場合は、不要不急な経費の決済をコントロールすることで目標利益に近づける工夫を行います。

予算と実績比較の報告のタイミング

　予算と実績比較の報告のタイミングは、PDCAの経営サイクルそのものです。当月の試算表は翌月15日前後に仕上げることができるため、予算実績の報告をあらかじめ毎月第3月曜日等と決めておくことで、財務部や管理部門全体が緊張感をもった仕事をすることができます。タイミングが早ければ早いほど、医師や看護師を含めた現場スタッフに記憶が残り、その差額のキャッチアップや業績のよさを維持することにも寄与します。

現場の勘所⑩　無借金経営を目指して

　無借金経営をしている理事長や事務長になぜ、無借金で経営ができているのですかとお聞きすると、やりたい医療と介護を実現するためとの説明でした。

　さらに、何かきっかけがあったのですかと伺うと、金融機関に頭を何度も何度も下げて融資してもらうような経営では、次の世代にバトンタッチをする際に優秀な医師に引き受けてもらえないという危機感があったからだとの説明でした。加えて、借入れをすれば、当たり前のことだが保証人にならなければならないし、私財を担保提供する必要もある。そういった医療以外の要因で、優秀な医師が理事長になることに二の足を踏むような事態を排除することが、永続的な医療を提供するために必要と考えたからとの説明でした。

　無借金経営を継続し続けるために意識をしていることをお聞きすると、経営陣には経営の透明性を徹底するための経営情報を可視化して運営会議で毎月、報告を行っているとのことでした。

　また、数値は職員の共通言語なのでがんばっている内容を可視化して議論をしているとの説明でした。

　一朝一夕に無借金経営が実現できるわけではありませんが、次の世代に何を残していくのか、また何を残さないでおくのかを考えた経営を行うことが理事長の役割であり、事務長としての責任の重さでもあるともいえます。

　急性期医療を行い、建替えも無借金で行う医療機関が事実としてあることの紹介でした。

166

3）中長期の事業計画を考える視点

中長期計画のメリットと活用法

中長期で事業計画を検討しておくことのメリットとしては、以下の３点があげられます。

1.計画的な事業展開・投資ができること

①計画の作成方法

財務的な中長期計画では、人口推移と近隣の医療機関の役割などの外部環境の把握に加え、当法人の過去10年の財務状況の推移を俯瞰することが第１ステップです（少なくとも過去５年間の財務状況のトレンドの把握は必須です）。現状の財務状況の変化がどのような理由に基づき発生しているか、また、どのような施策に基づき解消したか、さらに、その影響が続いているのかどうかを把握することが目的です。

第２ステップは、レセプトや診療行為別集計表から医療機能を高める可能性の確認です。すなわち、経営改善の可能性についての検討と確認です。

第３ステップは、契約書一覧、リース一覧と総勘定元帳からコストを見直す可能性の検討です。当時の契約の背景を確認し、利用目的や利用状況が低下している内容については金額の大小にかかわらず見直しをすることがコストの合理化につながります。大きいコストだけを見直すという考えでは、コスト削減は決して進みません。また、規程を整備することが公平な経費の使い方につながるケースもあります。

財務的な中期計画のポイントは次の内容です。

・人口推移を考慮した当院の役割とポジショニングの検討
・求められる医療、介護サービスと実践したい医療、介護サービスの違いを検討した上での経営戦略と方向性
・新たな医療・介護サービスの展開の必要性と可能性
・将来の建替え整備のタイミングの検討。また、そのための建替え整備引当金の設定
・高額医療機器のリプレイスのタイミングと必要性、それらにかかわる整備引当金の設定
・職員の増員や昇給の検討
・計画期間中に定年退職を迎えるスタッフと、そのスタッフの退職金の計算。定年退職者に代わるスタッフの育成と採用

　具体的な中期計画の策定方法としては、中長期的な設備投資と金額を明確にし、その設備投資のタイミングまでの期間に応じて必要資金の引当金を設定、その金額を目標利益に積み上げます。すべてを積み上げると現状の利益との乖離に圧倒され、計画そのものに着手することの難しさに直面すると思われます。

　大切なのは、乖離している事実に向き合うことであり、現状を変革する必要があることを理解、認識して経営改善に日々取り組む体質を組織に浸透させることです。それは、結果的に医療・介護サービスの質を向上させることが、唯一の進むべき道であることを覚悟することにつながり、その覚悟を理事長をはじめとする幹部スタッフが共有することこそが中期計画を策定するもっとも価値のある視点となります。

②建替えなどの投資

　病院の建替えは 30 年に 1 度のビッグイベントです。建替えという気持ちの高まりとは別に、理事長や経営陣にとっては次の 30 年を見越した大きな転換点となります。一度建てた建物は少なくとも 30 年以上使用する必要があるためです。1 床あたり 1,500 万〜 2,000 万円（急性期病床の場合）といわれる建築単価の設備投資を行うため、財務的にも大きな負担が発生します。医療は法定価格で決められた診療単価が売上の大部分を占めることになります。そうすると、建物を効率的に使い切れるかどうかが投資採算から考えるポイントとなります。当然、投資効率や投資採算の視点だけで建物を建てるわけではありませんが、建物整備を金融機関から資金調達しながら行うのであれば、借入返済を、今後の診療報酬の改定の影響や、法人の医療・介護サービスを今後どのように提供するかを見通した中で安定的に行うことができるかを計画に落とし込む必要があります。

　病院の建替えはハードの問題だけでなく、むしろ 30 年後の医療・介護サービスのあり方という視座で、自院がどう取り組んでいくかを改めて検討するソフトの問題です。

　例えば、急性期病院の場合、世代交代後も医師の供給体制と看護師の確保を維持しながら運営を継続することができるかどうかは最大のポイントです。次世代の理事長の下で救急体制を維持し運営し続けることができるのか、大学の医局との良好な関係性を維持することができるのか、さらに、次世代の理事長に多額の借入金の債務保証に入る覚悟をもってもらえるのか、またその家族にも債務保証に入ることに対して同意してもらえるのか、それに見合うだけのやりがいと報酬を支払い続けることができるのか。現理事長が強行

に建替えを推進しては、次の世代に大きな負担を残すだけでなく、病院運営そのものの存続にもかかわります。

　また、建替えにおいては、外来診療戦略、オペ室の数や広さ、療養環境の整備などいくつかの重要な病院としての考え方を整理しなければ、建築単価そのものに大きく影響するため、留意が必要です。具体的には、外来診療科の整備を医師の供給体制や病院を取り巻く環境から整理し、入院ルートとしての外来の位置づけと役割の検討を行います。

　また、オペ室はもっともコストがかかる場所だけに十分な検討を要します。現在のオペ室の利用状況、医師の高齢化に伴うオペ室の使用率、新たな医師を迎え入れるための整備等、オペ室の継続的な運用にかかわるいろいろな考え方が必要となると思われます。

　財務的には、建替えは建物が古くなってから考えるものではなく、毎年の予算設定とその達成状況によって、将来の投資額の上限がすでに決定しています。建替えをするから利益が高まり借入返済ができるわけではなく、現状の利益から見た借入返済額、すなわち投資額が決まってくるためです。建物が建った瞬間から苦戦を強いられることが目に浮かぶような病院が少なからずあるのは、その財務的な原理原則の考えを軽視しているためです。

　毎年の予算設定において、将来の設備投資を考慮した目線を上げた目標設定の必要性を、医師や看護師が経営陣や理事会メンバーと共有しながら運営ができているかが、将来の建替え整備を実現することができるかどうかのポイントです。金融機関が融資を実行してくれるから建替え整備が進むのではなく、自己資金の充実によって建替え整備をするという組み立てが、次の世代のために責任ある経営を行うことにつながります。また、月々の運営会議でのエビデ

ンスのあるディスカッションの積み重ねが、医療・介護の質の向上につながり、将来の可能性を高める結果となることは、すでに実践されている法人では実感されていることと思われます。

　また、建替えのタイミングで高額医療機器のリプレイスもかなりの確率で整備が進みます。建替えの高揚感でリプレイスを行うのではなく、必要とする患者をどのように見込み、医師の体制とあわせ、近隣の外部環境を冷静に判断し、リプレイスが必要なのかどうかも含めての検討が必要です。

　新たな高額医療機器の導入に際しては、慎重な検討と議論が行われるケースが多いのですが、リプレイスを行わないという判断に十分な検討やディスカッションがないままに行われるケースがしばしば見受けられます。最初に導入する際には、見込まれる患者数と採算性をうたっている稟議を見かけますが、リプレイスにおいては更新のタイミングが過ぎていることや値引率の記載のみで決裁を受けているケースが少なくありません。リプレイスの都度、その必要性と想定している患者数と投資採算ラインについて医師と確認を行い、利用状況については四半期や半年に１度は起案時に想定した患者数と利用状況の報告を事務スタッフが行うことで、全診療科の医師の納得性が高まることにもつながります。

　③人材の採用・育成

　中長期の事業計画を考える際に、「人材の採用・育成」は、もっとも掘り下げて検討すべきテーマの１つです。

　まずは、計画期間中に定年退職者の有無の確認を人事部から情報を得て行います。そのスタッフが部長級の医師や看護部長、事務部長といったように重要な役職者であればあるほど、後任スタッフ

の選定は慎重にかつ時間をかけて行う必要があります。外部から招聘するか、内部昇格で選定するかの選択は、その対応期間や根回しに大きく影響します。

　特に内部昇格で要職を選任するためには、そのスタッフだけでなく、選任する役職者を補完するスタッフの選定をあわせて調整する必要があります。単にそのスタッフの人事異動という問題ではなく、組織をどのように再構築するかという視点での検討調整が必要となります。医療機関では人員に余裕のある組織は少ないため、院長、看護部長、事務部長の三役の退職に伴う人事は時間軸の中で慎重な検討が必要です。

　財務面での影響を考えると退職金の支払原資を確保し、資金繰りの検討も必要な場合があるため、金融機関との調整もケースによっては必要です。

　また、病院の事務スタッフの育成とキャリアステップにおいては、医事、人事、財務の3部署の中で、キャリアローテーションをさせることが、事務部長の要職を務める前には必要なステップです。特に医事と財務は専門性が高く、一定の経験をしていなければその言葉の意味するところを理解することすら難しいケースもあります。1部署において、少なくとも3年から5年の経験を積むことで、その部署の役割と言葉の意味を理解することができ、さらに本質的な理解につなげるためには、いずれかの部署に10年は腰を据えて仕事に携わることが望まれます。

　その間、マンパワーの再配置や仕組み化、システムの再構築などを含めてコストが先行するケースが多いのですが、それも必要コストであると織り込んだマネジメントを行うことが肝要であり、中長期計画の醍醐味の1つでもあります。

2. 法人格の変更や、法人の運営体制の見直しができること

病院をマネジメントする上で検討すべきテーマは、純粋な診療行為以外にもう1つ、永続的な発展をどう持続させていくかという視点です。

具体的には、次の4点になります。

1）個人事業から医療法人化への検討。
2）出資持分を持ち続ける法人にするか。
3）医療法人がみなし贈与税を支払って出資持分のない法人になるか。
4）出資持分を放棄して特定医療法人、社会医療法人化を目指すか。

いずれも税金とどのように向き合うか、運営体制をどのように維持、発展させるかという2つの視点から検討を掘り下げる必要があります。

①個人事業から医療法人成りへの検討

病院の個人立の件数は平成29年5月時点で224件であるのに対し医療法人立は5,767件で、ほとんどの病院が医療法人となっていることがわかります。法人成りを行う最大の要因について、病床の権利が個人の場合は事業開設者に与えられていることから、事業開設者に万一のことが起こった場合に、その地域が病床過剰地域であれば次の世代に病院を引き継ぐことができない可能性があります。

一方で医療法人成りを行っていれば、病床の権利は医療法人が

承継しており、理事長交代によって病床の引継ぎの有無という議論そのものが発生しません。病院運営の永続性を最優先に考えると医療法人成りは必須といえます。

　ただし、今なお個人事業が残っている背景には、財務的な課題が残っているケースが想定されます。具体的には、医療法人成りをする際には資産と負債を法人に引き継ぎます。しかし、許認可権をもつ都道府県の指導にもよりますが、借入金は固定資産と対応する負債しか引き継ぐことができないケースがほとんどです。

　運転資金の借入れが多い病院では、医療法人に借入れを引き継ぐことができず、個人に負債が残ったままになり、金融機関への返済を行うことが困難になることから法人成りが思うように進まないケースが考えられます。

　他方で税金にスポットをあてると、個人と法人の税率の違いによる納税後の資金残高の違いがあげられます。

　具体的には、所得税の最高税率は国税と地方税をあわせて55％です（2020年12月現在）。一方、法人税率は事業税を加味しても40％を下回ります。つまり、15％以上もの税率差がそのまま内部留保の差額となり、借入返済や設備の再投資の原資の違いとなって表れます。

　急性期、療養、精神科等の機能の違いはあれ、病院の建替えはすべての医療機関にとって30年に1度は検討が必要となるテーマです。その際の財源の確保ができているかどうかは、事業継続において大きなポイントにもなります。

　②出資持分を持ち続ける法人にするか
　次に出資持分の有無についてです。第5次医療法改正、すなわ

ち平成19年以降の医療法人成りは基金拠出型のみが認められるようになりましたが、それ以前の医療法人は出資持分ありの医療法人、すなわち現在の経過措置型医療法人がほとんどです。出資持分のある医療法人は出資者に万一のことがあった場合の相続税が最大のポイントとなります。

相続時には、医療法人の出資金は時価評価額に基づき評価されることとなっています。医療法人の経営が安定している場合には、出資金の評価が10倍、20倍、40倍にまで膨れ上がっているケースは決して珍しいことではありません。特に療養、精神科の病院はその傾向が高いといえます。

出資金が現金に換金できれば、相続税の納税も可能となるケースもありますが、その場合、医療法人が金融機関から多額の借入れを行い、出資者に払い戻しをする必要が生じます。しかし、金融機関から資金調達できればまだしも、資金調達ができないケースも考えられますし、金融機関から資金調達できたとしても、直接、事業の用に供しない借入金を返済するとなれば、資金繰りの圧迫、必要な設備投資を行うための資金調達が難しくなるケースも考えられます。

高額な役員報酬をとらずに診療に集中してこられた理事長ほど、出資金への評価が高まり、次の世代に結果的に負担を背負わせてしまうケースも発生しています。

出資金の有無がオーナーシップに影響すると誤った理解をしている理事長も数多くいるため、正しい、適切な理解の下、出資持分をどのように取り扱うべきかをこの分野に明るい税理士と掘り下げたディスカッションが必要となります。

株式会社や有限会社では保有株式数の多さが議決権に影響しま

すが、医療法人は出資金の多さが議決権に直接影響せず、社員一人ひとりが1票の議決権を有しているため、出資金の多さと議決権の多さとは直接的には無関係です。医師に専門分野があるように税理士にも専門分野があり、また医師に症例数の違いによる医療の質の違いがあるように、税理士でも同様に案件数や税務提案の質の違いが明確ですので、この点も十分留意が必要です。

　また、出資金については次の世代、さらに次々世代へと何度も繰り返されるテーマとなります。現に相続における出資金の扱いで相当な苦労をされた方々を多く見ていると、責任をもった正しい知識の下、今後の出資金のあり方について法人として検討が必要なテーマとなっています。

　そのような時代背景もあり、厚労省は認定医療法人という時限立法の制度を打ち出しています。出資持分の放棄を何の対策も行わずに安易に提案する税理士もいるようですが、苦労して工面をした出資金の放棄をするという決断は、そう簡単にできるものではありません。基金拠出型の制度に変更して、定款による基準を満たせば、基金の返還は可能であり、出資金のように評価が膨れ上がることもないため、基金拠出型への転換は1つの選択肢となりえるものと考えます。

　③医療法人がみなし贈与税を支払って出資持分のない法人になるか

　出資者が多額の贈与税の負担を行うことは困難ですが、引き続きオーナーシップを維持し続けたい場合は、医療法人が贈与税を支払い、出資持分を放棄するケースも増えています。

現場の勘所⑪ 認定医療法人

　令和５年９月30日まで『持分なし医療法人への移行計画の認定制度』が延長されることが予定されています。この制度は厚生労働省が定める認定要件を満たすことによって、持分なし医療法人への移行時にみなし贈与税が課税されないという画期的な制度です。

　また、下記④に記載している特定医療法人や社会医療法人と異なり、役員の人数制限や親族要件等が緩和されており現状の役員メンバーのままで医療法人の運営が可能です。一方厚生労働省が定める認定要件の中には医療法人のガバナンスの適正化も含まれており、社会医療法人や特定医療法人の良いところも取り入れつつ現状の役員のままでマネジメントが可能となることから制度施行以来、非常に注目されています。

　④出資持分を放棄して特定医療法人、社会医療法人化を目指す

　前述の方法のほかに、出資持分のない法人に転換するという制度があります。

　具体的には租税特別措置法施行令第39条の25第１項第１号に規定される厚生労働大臣が財務大臣と協議して定める基準を満たすものであると国税庁が認めた場合に特定医療法人となることができ、法律に基づき非課税で出資持分の放棄を行うことができます。

　ただし、国税庁の承認を得るためには、一定の基準を満たし続ける必要があります。すなわち、公共性を担保した法人運営を続けることについて、具体的には、同族が占める理事の割合は３分の１以下、報酬も年間3,600万円以下、運営上の意思決定の透明性等が求められます。

一方、社会医療法人は救急医療等確保事業に係る業務の要件などを満たすことにより、都道府県知事の認定によってなることができます。強力なリーダーシップの下で運営されてきた法人にとっては、経営の仕組み化、透明化は大きなターニングポイントとなります。

　ただし、従来のようにリーダーシップを発揮しながら経営の仕組み化、透明化に成功している法人もあります。2代目、3代目に勘と経験による経営を引き継がせることは困難です。昔は診療報酬について現在ほどの厳しさもなかったことを背景に、多少の経営判断の失敗があったとしても、十分にリカバリーができましたが、現在は診療報酬と介護報酬ともに厳しさを増し、戦略や方向性を間違えるとリカバリーが困難な時代ともいえます。

　そのため、次の世代に引き継ぐ際には、運営会議を仕組み化・透明化して、議論すべき内容やテーマを整備し、議論するための経営管理資料も整え、運営会議や理事会を適切に機能させることが何よりも重要となっています。特定医療法人、社会医療法人成りをするか否かにかかわらず、経営の仕組み化は事業承継の最重要事項であることはいうまでもありません。

　「事業承継＝税金の問題」と捉えがちではありますが、それは本質ではありません。経営体制そのものをどのように整備し、どのように次の世代へバトンタッチしていくのかについて、次の世代の医師と経営陣でディスカッションを重ねることが大切なステップとなり、新たな運営体制をつくり上げていくことにもつながります。

現場の勘所⑫　特定医療法人や社会医療法人になることの意味

　ある事務部長に社会医療法人を目指した理由をお聞きしたところ、「公的な病院と肩を並べた医療を行うためには、設備投資を充実させ、医療従事者の処遇も高める必要があったからである。すなわち、公的病院と同じ経営条件の下で医療提供をできるようにしたかった。そのため、非課税で経営を行うことで従来まで納税に充てていた資金を設備や職員の処遇改善に充てることができるようにしたかった」とのことでした。さらに、「オーナーのリーダーシップに頼ることなく、永続的な医療や介護を提供するための組織づくりを行いたかった」とのことでした。

　形式的ではなく、実質的に理事会や社員総会で議論を行い、徹底的に可視化し、規程に沿った運営を行うことで、全職員のモチベーションを維持・向上させてこそ、公共性・公益性・透明性のある法人運営です。

　新たに特定医療法人や社会医療法人を目指す場合は、国や都道府県の認可や承認が必要ですが、それとあわせて院内の体制の見直しや整備を実質的に行うことが、永続的な組織運営を行う礎となります。

　一定規模以上の医療法人は会計監査が求められているのも、経営の仕組み化が継続して行われているかどうかを確認するためでもあります。

　一方で、オーナー経営でなければ意思決定に窮することがあるのではと心配されることもありますが、経営陣が情報公開を行い地域に必要な医療や介護を展開し続けようとする限りにおいては、意思決定が大きくぶれることは少ないはずです。

逆にオーナーの独断で事業を進めることの方が事業運営で失敗をするケースも考えられます。

特定医療法人、社会医療法人という法人格が良い悪いではなく、運営体制そのものを見直すきっかけとして検討されることも、タイミングによっては必要なこともあると思われます。

3. スムーズに後継者に引き継ぐ機会にできること

①後継者を中心とするマネジメントシステムの骨格を示せること

創業者が組織を率いている時期は、マネジメントシステムに頼ることがなくても経営が安定し、組織が向かうベクトルがぶれることは少ないでしょう。それは、創業者が創業から現在に至るまでの経緯をもっとも理解している人間であり、組織の成長とともに経営者としての経験を積み上げてきているからに他なりません。

しかし、事業承継期を迎え、2代目の理事長にそのバトンを引き継ぐ際には、積み上げた時間と経験はいったんゼロへリセットされてしまいます。そして、その時間と経験の中に、大きく影響を及ぼす大切なものがあると考えられます。経営を引き継ぐ上で大切なことは、あげていけば枚挙にいとまがないでしょうが、創業者の時間と経験の中で、必ず引き継いでおかなければならない代表的なものをあげるとすれば、次のものが含まれていると考えられます。

・創業の精神、この組織が目指すべき理念や哲学
・意思命令系統とそのキーパースンの人心掌握
・内部環境と外部環境、事業構造の正しい理解

これらのことは、創業者であれば、長年その組織に身を置き陣頭で指揮を執っているうちに、肌で吸収し、組織と長い時間を共有

することで直観的に理解をしているものです。しかし、後を継ぐ者が創業者と同じプロセスでこれらの理解を深めていくことは、なかなか困難です。

　そこでとりうる手段としては、大きく２つあると考えられます。

　１つは外部の経営コンサルタント等の協力を得て当法人の事業・財務調査を行い、客観的なデータを入手するとともに、創業者から後継者へ伝えておくべきことを言葉に残していくことです。一般的には事業承継コンサルティングなどといわれるものです。この種のコンサルティングでは、よく出資金評価を基に、推定相続をして、税金がいくらになるから、こういう対策をしましょうというものが主流です。しかし、事業承継では、財産・家産の承継よりも、「名跡・祭祀・家業」というような、その家や組織が固有に大切にしてきたことを誰がどのように承継していくかということこそが、もっとも大切なことであり、財産のことは最後に考えるべきものであると捉えています。よって、事業承継コンサルティングの中でも、引き継ぐべきものを創業者から承継者へファシリテートしてくれるようなコンサルタントを第三者に求めることができれば、価値ある事業承継になっていきます。

　もう１つは、これまで述べてきている中期事業計画について、後継者を中心としたプロジェクトチームを組織内で創設し、時間をかけて作成していく方法があげられます。中期事業計画プロジェクトの期待効果には、主に以下の３点があると考えられます。

　・組織の歴史と伝統（これまで大切にしてきた価値観）を理解し、
　　次世代でなすべき方向を決める

　・プロジェクトを統括し、次世代のリーダーたちと共通の体験

を得る

・セグメントごとの計画から、事業構造を理解する

　組織内で中期事業計画を策定するためには、これまで大切にしてきたこと、これからも大切にしなければならないことの理解は欠かせません。必然的に、経営理念、経営方針の正しい理解とその意味するところを創業者にヒアリングすることになるでしょう。逆にいえば、まずプロジェクトのスタートはそこから始めなければなりません。正しい理解から、これからの時代、次世代の自分たちがこの地域で何を担っていくのかを、まずプロジェクトチームで討議することが、次期中期事業計画のスタートです。このプロセスは、どの視点からの中期事業計画でも共通していることではありますが、事業承継における中期事業計画では、より一層大切にしていただきたいものです。

　事業計画策定のプロセスは、本章の初めに述べた通りですが、これらの指揮を、次期後継者にプロジェクトリーダーを任せることで、次世代幹部との新たなコミットメントが組織内に生まれます。これが、第2創業として組織内で認識される上でもっとも望ましい形です。

　しかし、このプロジェクトを、新しい力だけで完成形までもっていくことは難しいというのもまた事実です。その際は、古参の旧経営陣の力を上手に活用することが大切です。決して対立項としての新旧ではなく、「新」の補完としての「旧」の立場を活かして、新旧が力を束ねて上手に成し遂げていきたいものです。よって、適宜意見を聞く場面や、知恵を借りる場面、あるいは、後継者から創業者へ進捗状況を中間報告する等の進め方の工夫は必ず必要です。

このあたりは現事務長と次期事務長候補者との連携等でフォローしていくことが肝心です。

　最終段階では、これらの事業構想や事業展開を、財務三表と経営指標に立体的に連動させる必要があります。「勘定合って銭足らず」では事業計画になりません。必ず、キャッシュフローの動きを念頭に入れることを後継者やその経営陣は認識しておくべきです。計画であわないものが、実際やってみたらうまくいく、ということは万に一つも起こりえないものです。その点を肝に銘じた運営を志していかなければなりません。

　また、この段階で重要なことは、各現場が認識できる単位での計画づくりが必要であるということです。各病棟、診療科、介護事業など、それぞれの事業体として認識している単位まで計画がブレイクダウンされていなければ、実際運用していく際に、確認していくことができません。各責任者が自分の責任目標が何であるかを、明確に数値で認識できる単位での計画づくりを心がける必要があります。そうすると、後継者やその経営陣にとっても、引き継ぐ組織の利益構造が理解でき、どこが強みで、どこが弱点で、どこを支えるために、どこががんばらなければならないかなどの補完関係も直観的に理解できるようになります。現場を歩き、現場で話を聞き、現場で確認することがもっとも大切です。それをした上で、事業を俯瞰して掌握するためには、この財務諸表の読解と感覚との連動が重要になります。

　このように、創業者と後継者の間で、いったんゼロになってしまう時間と経験の差を、後継者を事業計画プロジェクトのリーダーに据えて取り組むことで、最小限の差にとどめるよい取り組みになることがご理解いただけたのではないでしょうか。そして、この取

り組みこそが、後継者を中心とするマネジメントシステムの骨格を示すことになっていくのです。ある日突然経営を任せる、といって理事長を交代しても、スムーズに舵をとれる後継者はごく少数でしょう。創業者が健在なうちに、後継者を中心とした中期事業計画プロジェクトを立ち上げ、取り組みを始めることをお勧めします。

　後継者を中心とした中期事業計画プロジェクトにおいて、中期事業計画が策定できた段階で、その公開と同時に、理事長の交代がかなえられることが理想ですが、現実にはそうはいかないことが多いと思います。通常は、第2次5カ年計画、つまり5年後の事業承継を目指すことが、我々の経験上もっとも多いケースといえます。したがって、後継者が作成する第1次5カ年計画は、承継までの準備計画となります。

　先の長い取り組みに、がっかりされる後継者の方もいるのかもしれませんが、そこはプラス志向に発想を転換することが大切です。準備段階ですので、自身の責任期間の前に、行っておきたい準備はしっかりと計画に入れて運営をしてもらえる時期だと考えるのです。例えば、先代の退職金の準備や、大規模修繕、大型医療機器の新規導入やリプレイス、幹部候補の補充などの実行には絶好の機会です。また、もし病院の建替えを検討されているのであれば、具体的な検討に入る好機といえます。移転を伴うのであれば場所選びから、施工会社の選定等、検討しなければならないことは山ほどありますから、第2次5カ年計画を練る時間としては最適です。そして、事業承継計画を作成することにより、計画的に進みやすくなると感じるもっとも重要なポイントは、事業承継そのものです。

　先代から後継者にバトンを渡すということを、なんのきっかけもなしに実施することはなかなか難しいものです。お互いに言い出

しにくいものですし、外部環境・内部環境ともに最適な状況を待ったとしても、それはいつ訪れるのかわからないものです。一般的に事業承継計画がない法人の場合、先代からの相続発生が事業承継の時期になってしまうことも少なくありません。それでは、行き当たりばったりの成り行き経営になってしまいます。後継者の心構えも、事業プランも、職員の人心掌握も、それから始めるのでは、この厳しい医療・介護業界の経営環境の中では、大きく後れをとってしまいます。あらかじめ、第２次５カ年計画の始まりで事業承継を行うと決めておけば、それに向けてすべての準備が進められ、周囲もそのような気持ちで安心して事業運営を行えます。先代も、後継者も覚悟を決めることができるので、事業承継そのものの時期がずれることはなくなります。

第１次５カ年計画では、業績を認識できる最小単位での計画になっていますから、計画と実際の運営との差異を確認していきます。差異はどこで生じたのか、現場の努力不足か、他部署に原因があるのか、そもそも計画が間違っていたのか、これらを確認し、是正し、再度実践し、確認する作業を愚直に繰り返します。これにより、第２次５カ年計画では、より実践に即した計画づくりが可能になるだけでなく、組織全体にPDCAサイクルの習慣が浸透していくことになり、これまでの創業者の天性の勘に頼っていた運営から、データと仕組みによる運営に転換していきます。

②結果的に税負担の効率性が高まること

本書は病院の財務に関する書籍であるため、詳細な説明は割愛しますが、事業承継にあたって、中期事業計画を作成することは、税金負担の効率化に結果的につながるケースがあります。

例えば、生命保険や、設備投資の際の圧縮記帳等の利益の繰り延べの選択をする際にも、今後の事業計画上の利益の推移の予測により、その選択の可否を判断することができます。また、経過措置型医療法人（従来の持分有り医療法人）である場合には、出資金の評価額は相続時に大変気になることの1つだと思います。事業承継計画が策定できていれば、退職金の支給時期や、大規模修繕のタイミングなども明確になるわけですから、その評価額の変動を事業計画上の利益の推移から確認し、出資金の贈与等の時期についても、あらかじめ顧問税理士などと十分な検討をすることが可能になると思います。

現場の勘所⑬　共通の理念と使命感

　財務状態をかえりみず、利用頻度の低い高額医療機器への投資やリプレイスを行った結果、経営に窮した病院が少なくありません。
　ある事務部長が経営改善に全職員で取り組む必要があることを運営会議で話をした内容の抜粋を紹介します。

　今、もっとも問われ試されているのは、我々医療従事者の「意識改革」だ。我々の職場の現状を見つめ直し、当面解決しなければならない課題について考えてみたい。

1. 管理者が目の前の仕事に追われ、新鮮な問題意識をもって問題の発見、解決に取り組む意欲を欠いていないだろうか。
2. 高度の専門性に伴う分業化が急速に進んだあまり、部門間、グループ間、あるいは個人間のコミュニケーションが悪化していないだろうか。部門セクショナリズムが組織全体の

目標達成より優先され、組織活動の円滑化、効率化の障害
となっていないだろうか。視野の狭い、次元の低い責任感
は組織のガンとなることがある。

3. 真の組織力とは緊急事態や状況の急変に際して、メンバー
個々がタイムリーな意思決定、敏速な行動ができるかどう
かである。全職員の責任感に裏打ちされた自主、自発性あ
る行動力が本当の組織力である。

4. 病院のリソース（人・物・金・時間）が無駄に使われ「い
かに有効に活用するか」などの管理意識や原価意識がとも
に不在という状況はないだろうか。

5. 医療機器の購入や、システムの変更、業務改善などの討議
の中で、詰めも不十分なままで、すべては「患者のため」「人
命優先」という最後の切り札で、安易にことが処理されて
しまっていないだろうか。

これはいずれも、人命を楯としたエゴを押し通す病院の「甘え
の構造」である。

最後に、危機を克服し生き残るための条件とは、病院が組織体
としての、技術力、売上力、資本力の総合力を高めることである。
そのための、共通の理念と使命感に溢れた行動を期待するとともに
全員で取り組んでいきたい。

その後、医師を含め全職員が一丸となって見事に経営改善を成
し遂げました。

第4章

組織の価値は貸借対照表に表れる

増訂版にて、追記したこの第４章では、これまで第１章〜３章で中心に扱ってきた損益計算書と対になる貸借対照表について説明をしています。

　売上、費用、利益といった馴染み深い指標である損益計算書と異なり、少し専門的な知識が必要なのが貸借対照表です。ただ、貸借対照表はその組織のこれまでの経営活動を表しているといっても過言ではありません。より会計を知っている者ほど、貸借対照表を重視します。

　本章では、専門知識をふんだんに使って貸借対照表を理解していただくのではなく、どのようなことが貸借対照表には示されているのかを知ってもらえるように図示をしながら、解説しています。ぜひ自院の決算書を片手に読み込んでいただければと思います。後半、やや難易度の高い内容も含まれています。ただ、昨今の医業経営において、重要なことが記述されていますので、ぜひチャレンジしてください。

貸借対照表は、これまでの組織の成績

1）貸借対照表の視点

　収益（売上）、材料費、人件費、設備関係費、交際費、福利厚生費、そして利益……など。日々皆さまが営んでいる活動を会計用語で表したものなので、損益計算書は、財務三表の中でも一番馴染みのあるものだと思います。また、現場のトップや経営者の方々も1年間の「決算」として、この指標の数値を大事にしていることも疑いのない事実です。

　ただ、あくまで損益計算書は、1年間の事業活動の成績に過ぎません。期首から期末までを表しているため、翌期になれば一旦リセットとなります。前期がどれだけ経営状況がよくても、今期が悪ければ、損益計算書は悪いという評価になりますし、今期の業績が悪くても翌期には業績が回復するかもしれません。わかりやすい指標として、また、経営のかじ取りとして1年間（単年度）を区切りとし、経営活動を推し量ることは大変重要なことですが、その組織の価値を正確に表すのは、貸借対照表とよばれる指標です。

　利害関係者の金融機関や取引先、またコンサルティング会社などは必ずこの貸借対照表を重視しています。なぜなら、1年間という一定期間の組織の活動成績を表す損益計算書と異なり、貸借対照表は、組織が事業として起きたときからの成績の積み重ねを表している指標なので、これまでの組織の成績表の集合体といえるからで

す。

　表現は適切ではないかもしれませんが、単年度の損益計算書を
よくする（黒字化させる）ことは、短期的な事業努力で実施可能で
すが（もちろん適法内で）、貸借対照表をよくすることは、短期的
な努力では不可能です。継続した事業の努力、経営の努力、日々の
積み重ねが大事になってきます。

●損益計算書（Profit and Loss statement 通称 PL）
　ある一定期間における企業活動の成果を数値で表したもので
　す。収益から費用を差し引いて、どれだけの"儲け"がある
　かをみることができます。最終的な"儲け"を示す"当期純
　利益"は、貸借対照表の純資産を増加させます。
●貸借対照表（Balance Sheet 通称 BS）
　ある一定時点 (月末、期末) における、財政状態 (＝どこから
　資金を調達し、どのように運用しているか）を表しています。
　資産、負債・純資産から構成されます。

中長期的な継続性の追求

　病院内で作成される会計上の書類の中で、損益計算書に並ぶ代
表的な書類が貸借対照表です。貸借対照表とは、一定時点における
財政状態を表す書類のことを言います。

　まずは、一般的な営利法人を事例に、わかりやすく説明してみ
ます。法人を設立するにあたっては、まずその法人にお金が出資さ
れます（自己資本の源泉）。また、事業を運営していくにあたって、
当初出資した自己資金のみでは不足している場合、金融機関などに
融資を依頼することも多いでしょう（他人資本）。自己資金と金融

機関からの融資を元手に、さまざまな資産に投資を実施し、事業を運営することになります。不動産、機械、ソフトウェアなど、投資する資産に関しては、枚挙にいとまがありません。特に、これだけ急速に市場環境が変化している時代なので、投資する資産の幅は、確実に増えています。そして、これらの資産を活用し、法人は利益を創出する活動を行います。

　損益計算書上にて、利益を計上することができれば、多くの場合、金融機関からの借入金は減少し、手元の金融資産が増加していくことになります（図4-1）。

図 4-1 【貸借対照表①】

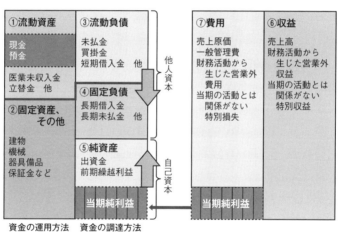

　一方で、損益計算書上で利益を計上することができなかった場合、いわゆる赤字の場合はどうでしょうか。金融機関への借入返済に関しては、基本的に、法人の業績の良い悪いは関係ありません。業績が良かろうが悪かろうが、借入金の返済は行う必要があります。

そういう意味では、借入金は減少する中で、手元の金融資産も同時に減少していくケースがほとんどでしょう（図 4-2）。

図 4-2【貸借対照表②】

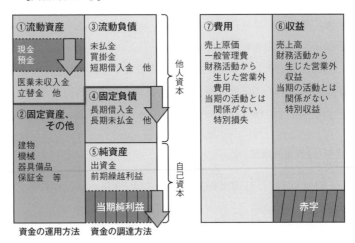

資金の運用方法　資金の調達方法

このように、法人運営を行う上で、どういった資産に投資を行っているか、また、その投資の調達源泉が自己資金や法人内の利益からなのか、あるいは対外的な金融機関からの借入なのか、といったバランス状態は大変重要な指標となります。この内容を表した書類を貸借対照表といいます。

損益計算書の説明でも経年比較の話を行いましたが、貸借対照表でも同様のことが言えます。詳しくは後述しますが、貸借対照表には、その時々の「顔」というものがあります。

・対外的な借入が多かったであろう創業期
・運営が軌道に乗ってきて、さらなる投資にチャレンジした成

　　長期

・借入返済にも目処がつき手元の金融資産にゆとりの出てきた
　成熟期

・金融資産にはゆとりがあるが、不動産や機械が老朽化し、ど
　のように後継者に引き継ぐべきか悩む承継期

　それぞれのステージによって、貸借対照表が見せる「顔」とい
うものは全く異なります。皆さまも、これまでの自法人の運営の歩
みを思い出してみてください。

　税金の計算上、一定期間で区切りを入れる損益計算書とは異な
り、貸借対照表には区切りがありません。リセットされることなく、
継続していきます。いわば法人の歴史を正しく映し出している指標
とも言えます。法人の運営を中長期的に検討していく場合、損益計
算書の観点だけでは十分でない部分があります。利益を創出するた
め、大胆に資産へ投資を行った結果、対外的な借入金が増加する中
で、手元の資金が残らず、借入返済を行うことができなくなるケー
スも存在します。

　短期的な利益を創出していくことも大切ですが、その利益を創
出していくための「方法」を検討するにあたり、法人の財政状態が
どうなのか、またどうなっていけばよいのかを検討することは、非
常に大切な観点です。

利益を残していく必要性

　貸借対照表と損益計算書はつながっています。先に記述したと
おり、法人が計上する利益を源泉に、貸借対照表は大きく変化して
いくからです。利益を上げる必要性はもちろんですが、利益という

ものは上げるだけではなく、意図的に残していく必要があります。なぜでしょうか。

「収益－費用＝利益」ではなく、「利益＝収益－費用」だからです（P236参照）。

利益とは、未来への投資費用と私たちはよく言います。未来とは、不確実なものです。事業を運営する中で、思いもかけないような事態が生じるのが経営です（今般の社会で起きている感染症については、最たる例です）。病院の建替えや医療機器のリプレイス、税金の支払いなどの事象は、ある程度予見ができるものです。このような、予測できる未来の可視化については、第3章に記しました。

一方、台風や地震などの天災、急なスタッフの退職等、予見が難しいものはどうでしょうか。そういった予見できない事象が生じたとしても、法人の事業は継続していきます。大切なのは、予見できないようなことが起こったとしても、それに対応できる財政状態にしておくということです。言い換えれば、予期せぬ支出に耐えうるだけの金融資産を保有していることが重要となります。一時的なものであれば、金融機関からの借入で何とか対応することができますが、返済が前提にある以上、根本的な解決にはつながりません。やはり、法人内の利益を源泉にした自己資本の厚い財政状態というものが望ましいことは言うまでもありません。これを筋肉質な財政状態と私たちはよく表現します。

また、後継者への承継の際も同様です。利益（≒金融資産）を多く残している法人と、借入を多く残している法人では、後継者の方は、どちらの法人を引き継ぎたいと感じるでしょうか。前者であることは明白です。このことは親族内での承継に限らず、第三者への承継の際にも大きくかかわってくる内容です。毎期利益を計上す

ること、そしてその利益をしっかりと残し、不測の事態や承継の際にも、十分な対応ができる体制にしておくこと、これらを意識しながら法人の運営を行うことが大切です。

　繰り返しですが、事業の承継にあたっては、「名跡・祭祀・家業・家産」という順番を当社では大事にしております（第3章記述）。利益≒金融資産という家産が多いことは必要条件ですが、十分条件ではないということも添えておきます。

2）ライフサイクルごとの貸借対照表の特徴

　前述のとおり、貸借対照表は、法人のその時々の「顔」を表現しています。なぜならば、損益計算書と異なり、貸借対照表には、その法人の歴史が詰まっているからです。診療所のように、病院と比較して規模の小さな医療機関であれば、法人の「顔」ではなく、経営者個人の「人生」を表しているといっても過言ではありません。貸借対照表をしっかりと読み込めるようになれば、たとえその法人のスタッフではなくとも、その法人の特徴をしっかりとつかむことが可能になります。

　私たち専門家は、財務三表を1年間分みれば、組織の運営を把握することができ、3年間分見れば、組織の経営を把握することができ、5年間分みれば、組織の体質を把握することができます。それだけ数値は嘘をつかない、事実を表していると肝に銘じておいてください。

　本項では、法人のライフサイクル（創業期、成長期、成熟期、承継期）における、貸借対照表がみせる一般的な特徴というものを、一つひとつ確認していきたいと思います。

図 4-3【貸借対照表③】

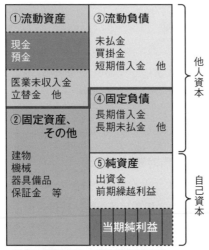

①流動資産	③流動負債	他人資本
現金 預金	未払金 買掛金 短期借入金　他	
医業未収入金 立替金　他	④固定負債	
②固定資産、 　　その他	長期借入金 長期未払金　他	
建物 機械 器具備品 保証金　等	⑤純資産 出資金 前期繰越利益	自己資本
	当期純利益	

資金の運用方法　　資金の調達方法

　流動資産：資産のうち、1年以内に現金化が可能なもの
　固定資産：資産のうち、継続して保有することが目的で、1年以
　　　　　　内に現金化ができないもの
　流動負債：負債のうち、1年以内に返済しなければならないもの
　固定負債：負債のうち、返済期限が1年以上先のもの
　純資産：資産から負債を差し引いたもの

創業期の貸借対照表の特徴
　病院を開設された当初の創業期の貸借対照表には、以下のよう
な特徴があります。

図 4-4【創業時貸借対照表】

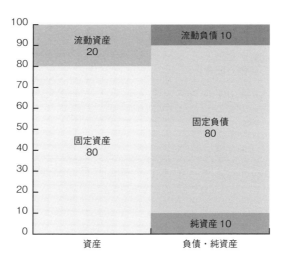

・自己資本が少なく、固定負債（金融機関からの借入金など）
　が多い
・固定資産の割合が多い

　法人の設立にあたって、多くの場合は、金融機関からの借入が
発生します。また、その借入金のほとんどは、不動産や医療機器に
投資されていくことになりますので、創業期における貸借対照表で
は、固定負債と固定資産の割合がかなり大きく表現されるケースが
ほとんどです。まだまだ法人の財政状態は不安定のため、とにもか
くにも、事業を軌道に乗せ、金融機関への毎月の借入金返済をしっ
かりと行っていくことが最優先のステージです。

成長期の貸借対照表の特徴

事業運営が軌道に乗り、さらなる事業の拡大を検討される成長期の貸借対照表には、以下のような特徴があります。

図 4-5【成長期の貸借対照表】

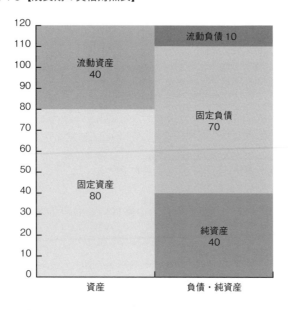

・固定負債が減少し、その分、流動資産が増加する
・貸借対照表の金額が大きくなる

事業が軌道に乗ってくると、借入の返済をしながらも、資産が増加していく傾向にあります。増加する資産としては、流動資産（≒金融資産）が多く、この流動資産が借入の繰上返済に回されるか、さらなる事業拡大への投資に回されるかで、法人の戦略が大きく異なってくるでしょう。借入の早期返済であれば固定負債がさらに減

少し、事業拡大であれば、固定資産が増加する傾向にあります。い
ずれにせよ、創業期と比較し、貸借対照表の金額のボリュームはか
なり大きくなっていくのが特徴的です。

成熟期の貸借対照表の特徴

開設地域における医療サービスの提供者としての確固たる信頼
を勝ち得るとともに、事業や医療機器への投資も一段落した成熟期
の貸借対照表には、以下のような特徴があります。

図 4-6【成熟期の貸借対照表】

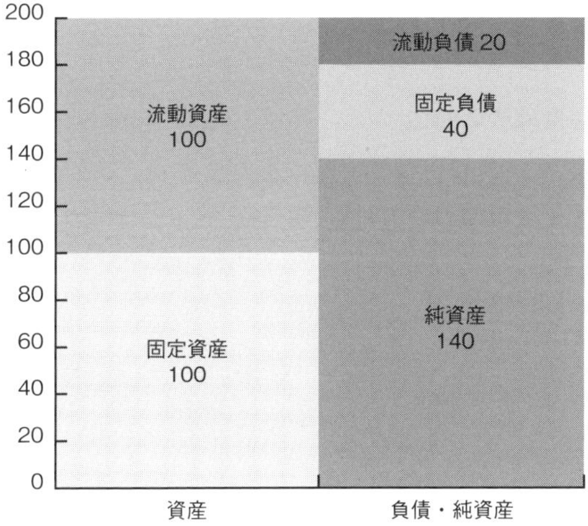

・固定負債がさらに減少する
・固定資産が減少し、流動資産が増加する

成熟期においては、金融機関からの借入金の完済に目処がつい

ているケースも多く、固定負債の割合は非常に小さくなります。金融資産などの流動資産の割合が大きく増加する一方、創業期、成長期において投資されてきた固定資産が老朽化し（価値が減少し）、固定資産の割合が小さくなります。

こういった状況の中、経営者の方々は、再度、成長期へチャレンジするか、このまま承継期に進んでいくかの選択を迫られることになります。創業期、成長期のときのモチベーションを再燃させ、第2の目標を設定してさらなるチャレンジの意思決定をした病院は、再度成長期の段階へ戻ります。一方で、体調面、年齢面の事情もあり、これ以上のチャレンジを希望しない意思決定をされた病院は、承継期へと進むことになります。

承継期の貸借対照表の特徴

親族内、親族外、いろいろと手段はありますが、次の世代の方へ事業を譲り渡す承継期の貸借対照表には、以下のような特徴があります。

図 4-7【承継期の貸借対照表】

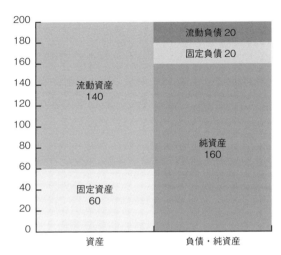

・流動資産の割合が多い

・純資産の割合が多い

　承継期における貸借対照表こそ、当該病院の歴史そのものを表しています。病院がこれまで築いてきたものが純資産の金額となって表現されます。

　また、承継期ということもあり、理事長のバトンタッチというイベントも存在します。これまでの長い職責に対して、退職金を支給するケースが多く、その原資となる流動資産が多く残っていることも特徴的です。

　上記以外にも、長短逆転型の貸借対照表や債務超過型の貸借対

照表が存在しますが、これらに関しては決して安全性のある貸借対照表とはいえませんのでご注意ください。

●長短逆転型
　長期借入金は返済が進んでいますが、逆に流動負債が膨らんでいる貸借対照表です。業績が悪く、長期借入金の返済を短期借入金で賄うとこのような形となり、徐々に資金繰りが厳しくなっています。

図4-8【長短逆転型貸借対照表】

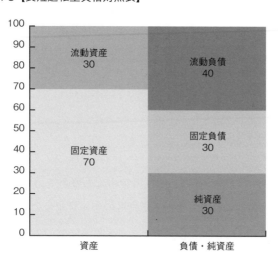

●債務超過型
　利益が捻出できず、運転資金を借入金で補い続けた結果、資産総額を借入金総額が上回った状態の貸借対照表です。

図 4-9【債務超過型貸借対照表】

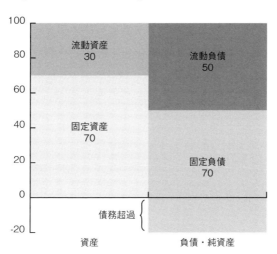

3）貸借対照表（財政状態）の把握

　貸借対照表の重要性については、だんだんわかってきていただいたでしょうか。繰り返しですが、貸借対照表はこれまでの事業の成績の集合体になります。

　でも、ちょっと待ってください。本当にその数値は正しいでしょうか。

　実は、医療機関で実施している会計については、多くの場合、医療法人の会計基準によって計上されるわけではありません。ここからは少し歴史の勉強をしていただきましょう。

医療法人とは、医療法第39条に以下のように定められています。

第39条

　病院、医師若しくは歯科医師が常時勤務する診療所、介護老人保健施設又は介護医療院を開設しようとする社団又は財団は、この法律の規定により、これを法人とすることができる。

2　前項の規定による法人は、医療法人と称する。

　この医療法人制度は、昭和25年の医療法改正により法人制度として認められるようになりました。医療法人制度創設の趣旨は「私人による病院経営の経済的困難を、医療事業の経営主体に対し、法人格取得の途を拓き、資金集積の方途を容易に講ぜしめること等により、緩和せんとするものである」とされています（昭和25年8月2日厚生省発医第98号各都道府県知事宛厚生事務次官通達）。設立当初から剰余金の配当は禁止されており非営利法人として現在まで至っています。

　医療法人制度自体は、この後、現在第8次医療法改正にまで至っており、常に継続的に議論がなされている状況です。一般的によく知られている株式会社の起源は明治時代までさかのぼることから、医療法人はまだ、新しい法人格という見方ができるかもしれません。そのため、会計制度についてもまだまだ未成熟だと認識をしてください。

　現在、医療機関に関する会計の基準は「病院会計準則」「介護老人保健施設会計・経理準則」「指定老人訪問看護の事業及び指定訪問看護の事業の会計・経理準則」というものがあります。「病院会計準則」は昭和40年に制定されています。病院の経営成績と財政状態を適正に把握すること、ひいては経営改善の向上が目的とされ

ています（昭和 58 年、平成 16 年に改訂）。ただ、病院会計準則（その他の準則も含む）はあくまで、施設会計としての位置づけであるため、医療法人全体としての財務諸表作成にあたる会計基準は存在していませんでした。そこで、平成 28 年に「医療法人会計基準」が制定され、現在では一定の基準に該当する医療法人が強制適用となっています。

　要するに、まだ歴史の浅い法人格である医療法人は、ようやく統一の会計基準を適用しつつある段階だと理解をしておいてください。よって大半の医療法人では、まだ「医療法人会計基準」には準拠できていないと思います。

　次項では、医療法人会計基準上、計上する項目、してはならない項目の代表例である医業未収金の回収可能性の判断や退職給付引当金の見積もり等をご紹介します。

資産性の判断　〜資産の換価性の判断〜

　難しく資産性の判断と記述しましたが、医業未収金に対する資産性の判断について説明します。

　医療法人における医業未収金は大きく分けて 2 種類になります。

①審査機関にレセプトを提出する保険請求収入に係る医業未収金（労災や自賠責等もありますが、ここでは割愛します）
②患者から窓口で受け取る、窓口収入に係る医業未収金

　前者の保険請求に係る医業未収金については、返戻や査定減はあっても、確定した数値に対しては、回収できないということは基本的にはないと思います。ただし、医業未収金のなかに、査定減に

なっているにもかかわらず、医業未収金として計上され続けている
ものもあるかもしれませんので、この点では留意が必要になります
（第1章参照）。

　問題になるのは、患者負担の分、窓口収入に係る医業未収金です。
一件あたりの金額が少額である分、あまり管理が行き届いていない
ケースがほとんどだと思います。しかし、歴史の長い医療法人や病
院等の規模の大きい医療法人では、塵も積もれば山となるの例えの
ごとく、多額に計上されていることが多くあります。実際に、財務
調査などで入らせていただいた病院のほとんどで長期に滞留してい
る医業未収金が発見され、規模の大きい医療法人では数千万円単位
に及ぶケースもありました。

　当該事項については、医事課が作成する発生年別の医業未収金
リストを確認しますが、相手先が個人である場合には、回収は非常
に困難になります。何よりも1件あたりの金額が小さいものに対し
て、回収するための費用が多額になります。そうなると、少なくと
も特殊な事情を除けば、3年超滞留している債権は回収可能性が難
しい、と判断されるのではないかと思います（会計上、税務上、損
失として計上するかどうかはまた別の議論です）。

　また、管理の方針について確認することも重要です。管理部で
把握はしているものの、当該状況が放置されているか、医事課に依
頼しっぱなしになっているケースがほとんどだと思います。先ほど
も記述したとおり、個人からの回収はかなり困難になります。電話
をしても相手にされないケースもありますし、訪問しようにも距離
や職員の安全性の問題からも難しいでしょう。そもそもそこまで手
間を掛けても1件あたりの金額が小さいというのも回収が進まない
要因だと思います。

　まずは、法人としての管理方針やマニュアル整備を行うことが重要です。そしてしっかりと該当の金額を把握していること、たとえば年齢表（債権がいつ発生したのか、現時点で何年何カ月滞留しているかを示す表）を作成して、しっかりと管理することが重要です。少なくとも年度決算での理事会や経営会議等では、報告を上げることは必須です。あまりにも長期で滞留している場合には、貸倒損失として損金計上することも可能になります。ただし、これには税務上の詳細な要因を満たす必要があるため、まずは顧問税理士とも相談してください。

　しっかりと回収するのも重要になりますが、それよりも重要になるのは、しっかりと滞留状況を把握して、実態の貸借対照表の状況（資産・負債の状況）を把握することです。また、実態貸借対照表にて安全性分析等を実施することも、より実態に即した状況の把握が行えるため、非常に有用になります。あまりにも長期滞留債権が多額に発生している場合には、いわゆる窓口差額についても検証してみることをお勧めします。すでに回収しているにもかかわらず、窓口の金庫などに保管されているケースもあります。こちらも一度実査を兼ねて確認することをお勧めします。

　①まずは未収金の管理についてのマニュアルの整理
　②実態を把握するために、未収金の年齢表を作成する
　③実態貸借対照表を利用した財務分析の実施

潜在的負債の把握
　医療法人における引当金の代表的な例としては、以下の2つがあげられます。引当金といえば馴染み深いのですが、これは潜在的

負債という項目に該当しますのでしっかりと認識をしてください。

①退職給付引当金

②賞与引当金

①退職給付引当金

　退職給付引当金については、将来の退職金に対して当期までに発生している分を負債として認識しようというものです。会計処理上における見積り方法としては原則法と簡便法があります。原則法については非常に難易度も高く、医療法人会計基準でも規模の大きな医療法人にしか適用がないため、ここでは割愛させていただき、簡便法についてご説明したいと思います。実際に、実態を把握するという意味では、簡便法でも十分ですし、費用対効果の意味でも簡便法がよいでしょう。なお、退職金については、確定拠出制度を採用している場合には、引当金の計上自体が不要になりますので、この点はご留意ください。

　簡便法とは、一言で簡単に言うと、今このタイミングで全従業員が退職したとしたら、いったいいくらの退職金がかかるのかを計算することです。各法人に退職金規程が整備されているかと思いますので、当該規程に添った計算方法により算出することが求められます。たとえば、よくあるパターンでは勤務年数に応じた倍率表を基に作成することが多いと思います。

　　退職金 = 基本給 × 倍率

　この場合には、退職金支給の対象の職員全員について、規程に従った方法で算出することになります。ただし、こちらも経理だけ

で解決することは困難です。規程や場合によっては勤務年数、給与
台帳なども必要になってきます。常に他部門間との連携を図り、そ
の中心に経理がいる、そんな体制を構築していくことが重要になり
ます。

1　退職金規程の確認
2　規程に沿った退職給付引当金の見積り
3　退職給付引当金を加味した実態貸借対照表での分析

　場合によっては規程の見直しが必要になるケースもあると思い
ます。また、ここでは簡易的に職員の分のみの説明をしましたが、
役員にも退職金を支給する場合には同様のことがあてはまります。
ただし、役員の退職金については、規程の整備が行われていないケー
スがよく見受けられます。規程の整備が未了の場合には、顧問税理
士に相談して整備を進めてください。役員の退職金については、よ
くあるパターンとしては最終功績倍率による方法があります、その
場合には、以下の方法で退職金が算定されます。

　役員の退職金＝最終月額報酬×役員の勤務年数×功績倍率

　特に功績倍率をどう設定するかで、退職金は大きく左右される
ことになりますので、将来世代のことをしっかりと検討した設定を
行う必要があるでしょう。
　規程の整備が完了した後は職員の退職金と同様です。実態貸借
対照表にて再度分析を行い、安全性や投資効率性等に問題がないか
を検討します。

②賞与引当金

賞与引当金についてもおおむねのルールは退職給付引当金と同様です。規程を確認し、当期内にて発生している分は、当期内でしっかりと引当金（負債）を認識します。

たとえば、規程上、6月支給の夏季賞与の計算期間が11月～4月の場合、決算月の3月時点で計算期間が5カ月過ぎているため、すでにその部分の負債は発生していると考えられます。金額の計算方法は規程に従った方法になりますが、たとえば月額給与の2カ月分となっている、または毎期おおむねその程度を支払っている場合には、

賞与引当金＝月額給与×2カ月×5カ月（計算期間の経過月数）÷6カ月（計算期間の月数）

と計算されるでしょう。賞与引当金については、計上初年度は影響がありますが、一度計上されてしまえば、毎期金額が大きく増減する項目ではありません。ただし、実態の状況を把握する上では欠かせない科目になりますので、退職金とあわせて検討するとよいでしょう。

以上、代表的な2つの引当金をみてきました。但し、この2つの引当金は、税務上は損金不算入ですので、扱いについては、顧問税理士と十分に相談をしてください。

この他にも、一般事業会社では多くの引当金を検討しています。たとえば裁判を行っており、判決は出ていないものの、金額の見積もりが可能であり、それらが実際に発生する可能性が高い場合には、

偶発債務引当金を計上するケースもあります。

　さて、現状の貸借対照表では問題はないものの、各種引当金や回収不能な医業未収金を控除した後の貸借対照表分析での結果はいかがでしょうか。他にもリース債務や減損会計など、考慮しなければならない項目はたくさんありますが、まずはこの２つだけでも考慮してみてください。

　実態の貸借対照表を把握することで、今後の医療法人の戦略は、自ずと長期的な視点をもたざるをえなくなっているのはないでしょうか。もっとも重要なことは、一定時点の現状を表す貸借対照表を、正確に把握することで、しっかりと将来の戦略に反映させることです。

| 現場の勘所⑭ | その他、資産性を把握するための基準 |

　ここでは今までに出てこなかったものの、会計処理について、簡単にご紹介したいと思います。

　■減損会計
　今回ご紹介したい内容の１つ目が減損会計です。なんとなく文字面から内容が連想できるかもしれませんが、こちらは固定資産についての評価を行う内容です。現状の固定資産に対する会計処理では、使用に伴い減耗するものと考えられ、減価償却費という形で、一定のルールのもと取り崩されていきます。

　しかし、減価償却費通りに取り崩された結果、その残高分の利益を回収できるとは限りません。たとえば、残高が 100 の固定資産に対して、その使用価値（使い続けることで得られる利益）が

80、正味売却価額（今売ったらいくらになるのか）が 90 の場合には、高い方の 90 として資産価値を評価する必要があります。資産は将来の収益獲得に貢献するものです。貢献しない部分に該当する場合には、その部分を取り崩して費用としているのです。

■資産除去債務

２つ目が資産除去債務と呼ばれるものです。有形固定資産は使用が終われば除却されます。たとえば賃借して経営を営んでいる場合には、移転や閉鎖のタイミングでその賃借物件は原状回復して返す必要があります。そのための原状回復費用を見積り、負債に計上するのです。仮に医療法人で採用しているのであれば、病院や介護施設の規模の大きい施設を保有している医療法人では一気に多額の負債が計上されることになります。建替え等のタイミングでは必ず計上される費用であり、金額も多額になります。

■リース会計

医療法人会計基準適用の法人ではすでに運用されていると思いますが、リース契約についても一定の場合はリース資産及びリース負債を計上する必要があります。ここでの一定の場合とは、以下の両方を満たす契約を指します。

① リース契約の途中解除が不可または多額の違約金が発生する：ノンキャンセラブル

② リース料総額が購入した場合の金額に近しい：フルペイアウト

上記の要件を満たす場合には、ファイナンスリース取引と呼ばれ、リース会計自体が「借入して購入したことと何の変わりもない

もの」という理屈になります。そのため、リース対象の資産（購入
したと類似する資産）をリース資産として計上、リース支払総額（借
入したと同義の負債）をリース債務として計上します。割賦の取引
処理と似ています。

　なお、購入後の処理はリース資産は減価償却費にて、リース債
務は支払に応じて取り崩されます。最初のリース資産及びリース負
債における計上額は、利息込みで計上するパターン、利息抜きで計
上するパターンとありますが、ここでの解説は複雑になるため割愛
します。

　さて、ここまで厳密に財政状態の管理を行い、経営を行ってい
るのが一般事業会社になります。もちろん命に直接係る使命を負っ
ている医療機関と営利を目的とする一般事業会社では一概に比較で
きません。しかし、医療法人もこれに準ずるようになってきていま
す。歴史の浅い法人格だからこそ、今後の社会の動向に注目し、先
達の考えは早めに吸収しておく方がよさそうです。

第5章

財務分析の視点

第5章では、客観的に自院を分析するための視点を伝えたいと思います。これまでは日々どのように管理をするのか、どのようにつくり上げていくのか、どのように経営状態を読み解くのかということを解説してきました。

　本章は、結果としてどうなったかを理解していただくための内容としています。貸借対照表、損益計算書、キャッシュフロー計算書の財務三表をどのような視点で読み解けばよいのか、結果、自院はどのような状況なのかを示す指標を添えています。

　さまざまな状況下において、自院がどのような結果を残せているのか、また課題は何なのかを明確にするためにも財務分析は必要不可欠です。

　過去を知り：財務分析
　現在を管理し：財務管理体制
　未来を可視化する：中期事業計画

　このサイクルを常に意識していただくことで、医業経営における財務・会計の一助になればと思います。

図解で理解する財務分析

1）貸借対照表の分析

　前章では、各ステージにおける貸借対照表の特徴を解説しました。もちろん、各病院には個別の事情があります。急性期や慢性期といった病院機能や病床数、何かの投資をしたタイミング…等々で、大きく貸借対照表の結果は異なります。ただ、理想的な貸借対照表という観点では、どの病院においても共通しているものがあります。本章では、財務分析の視点において大事なポイントをお伝えできればと思います。

　理想的な貸借対照表とは、以下の要素に集約されます。

　・流動資産が大きい

　・流動負債が少ない

　・純資産が大きい

　こういったあるべき姿を達成していくためには、まず、自院の貸借対照表の状況をしっかりと分析する必要があります。課題を明らかにしなければ、解決策を見出すことはできません。課題を明らかにする前に解決方法を模索した場合、結果的に多くの時間と労力を無駄にしてしまう可能性もあります。ぜひ、自院の貸借対照表をご準備いただき、ご自身の貸借対照表ではどのような分析結果になるかを確認していただければと思います。

法人運営の安全性分析

　法人の安全性とは、言い換えれば、法人の支払能力の高さということです。金融機関から借入をした融資をしっかりと返済していくことができる状態であるのか、以下の指標を用いて、判断していきます。

　【総資産現預金比率】＝（現預金÷総資産）× 100
　資産に対する現金・預金の割合を示します。大きいほど安定性が高いといえます。たくさん手元にお金がある方が有事の際に、自院だけでさまざまな判断ができることは言うまでもありません。

　【流動比率】＝（流動資産÷流動負債）× 100
　200％以上であるかどうかが安全性の指標としては求められます。

　【固定長期適合率】＝ [固定資産÷（固定負債＋自己資本）] × 100
　100％未満が妥当と言われています。100％を超えている場合は、資金繰りが厳しくなっているケースが多くなります。

　【自己資本比率】＝（純資産÷総資本）× 100
　一般的に、20％〜40％の数値であれば、よいと言われています。40％を超えている病院は、非常に経営状態がよいとされ、また、70％を超えると、実質無借金経営であると言われています。ちなみに、平成 19 年の医療法改正前は、設立時の医療法人の自己資本額は以下のように定められていました。

□医療法施行規則（昭和 23 年厚生省令第 50 号）(抄)

（医療法人の自己資本額）

第 30 条の 34 病院又は介護老人保健施設を開設する医療法人は、その資産の総額の 100 分の 20（法第 42 条第 2 項に規定する特別医療法人にあっては、100 分の 30）に相当する額以上の自己資本を有しなければならない。ただし、厚生労働大臣の定める基準に適合する場合は、この限りでない。

【医業収益対借入金比率】 ＝ （長期借入金÷医業収益）× 100

80％を超えてくると資金繰りが厳しくなり、金融機関への返済計画の再調整が必要になる可能性が出てきます。筆者がかかわってきた再生案件とよばれるケースは等しくこの値が80％を超えていました。

【債務償還年数】 ＝借入金÷（当期純利益＋減価償却費）

当期の儲けを基準とし、借入金完済に要する期間を示し、償還能力を表しています。年数が短いほど、償還能力は高いといえ、基準は 10 年未満といわれています。ただし、事業のタイミングでこの値が悪化することもあるので、おおむね直近期を含む 3 年間の傾向で判断されることが多いです。

どのような財務分析の書籍を見ても上記のような内容は出ていると思います。大切なことは、数式を覚えることではなく、健全な財務諸表とはどのような状態なのかを正しく知ることです。そのためには、本書では何度か紹介していますが、自院の状態を以下のように図示してみてください。

貸借対照表 全体

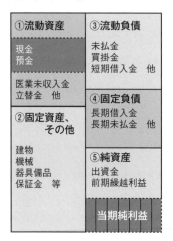

　流動比率は、以下の図示された関係。①が③より大きい方がよく、欲をいえば２倍以上あってほしい。ほぼ、どの法人でも該当してくると思いますが、200％以上という数値をもう少し分解すると、必要な運転資金が確保できているかどうかという視点と類似してくるものと思われます。

　必要な運転資金＝医業未収金－（棚卸＋買掛債務）
　※医療法人を設立する際、保険請求が現金化するまでの２カ月
　　分の現預金が必要になることから、運転資金として２カ月分
　　以上準備することが求められます。

流動比率

　自己資本比率は、以下のように示されます。貸方（貸借対照表の右側）＝資金の調達方法であることから、資金の調達方法が他人資本ではなく、自己資本で賄えている方が安全性が高いという考え方になります。

自己資本比率

　固定長期適合率は、固定資産を賄う資金の調達方法が長期的なものかどうかという指標です。資金の使用用途が固定資産＝現金換金性の低いものとして運用されている以上、その資金の源泉は長期

的なもの、もしくは恒久的なものであることが望ましいという理屈です。

固定長期適合率

その他、分析の視点

そのほかによくみられる分析の視点を以下に記載しておきます。

【未収入金回転日数】＝（医業・介護未収入金）÷（（入院・外来診療収益＋介護事業収益）÷ 365 日）

現在の未収入金（医療保険、介護保険）に対して、適正な管理ができているかを確認する指標です。およそ 55 日前後の数値が出てくると思いますが、明らかにこの数値を超えて出てくる場合は、前章にもあったように正しい未収入金の管理になっているかどうかの確認が必要です。また、時系列でみた際に、数値が大きく変動することも好ましくありません。

【在庫日数】＝医薬品・診療材料（棚卸資産）÷医薬品費・診療材料費÷ 365 日

14 日前後が一般的な在庫日数と言われています。20 日を超えて

いるようであれば、在庫管理を見直す必要があります。また、時系
列でみた際に、数値が大きく変動することも好ましくありませんの
で要注意です。もちろん、地域性も十分考慮する必要がありますが、
いずれ使うものであったとしても、在庫管理を工夫するだけで、資
金繰りは改善できます。また、在庫ロスについても同様です。

【EBITDA】＝当期純利益＋減価償却費＋支払利息＋法人税等

　本業からの儲けを示し、投資可能および返済可能原資の総額を
表しています。こちらの数値が1年間に自由に動かすことができる
金額であり、事業で生み出すことができるキャッシュと読み替えて
も結構です。そのため、この数値以上の年間返済額になっている場
合は要注意であり、またさらなる借入を行い投資する場合は、返済
額がこの範囲に収まるかどうかの視点が重要です。

2）損益計算書の分析

短期的な健全性の追求

　病院の状態が良いか悪いかについて、おそらく多くの方が、「利
益が出ているかどうか」で判断されるのではないでしょうか。利益
とは、収益から費用を差し引いた数値であり、損益計算書にて表現
される数値です。利益が出ていれば良い、赤字であれば悪い、そう
いう観点で病院の状態を確認されるケースがほとんどであると思い
ます。

　利益が出ているかどうかという観点は、もちろん大切な見方の
1つです。利益というのは、病院が取り組んできた活動の結果が表

れるものなので、赤字の場合、病院の戦略を練り直す必要性が生じてくるかもしれません。今後の戦略を考えていく上での、大切な指標であることは間違いありません。

一方で、損益計算書に表現される利益は、1年間という非常に短期的な期間における数値であることも忘れてはいけません（これは前章でも何度も申し上げたことです）。今期が赤字であったとしても、その原因を詳しく確認すると、決して悲観する必要はないというケースも存在します。

利益というのは未来への投資費用と言い換えることができます。病院の開設にあたっては、ヒトやモノといった経営資源に大きく投資をされると思いますが、その投資は一度きりではありません。病院を経営していく中で、そういった機会は何度も訪れます。計上した利益を病院内に貯め込むのではなく、さらなる発展に向けて投資を行い、その投資を回収していくというサイクルが発生します。

たとえば、今期がその投資年度であった場合、収益は例年どおりであったとしても、費用は大きく膨らんでいくことになります。損益計算書は1年間の業績を表す書類ですので、その期は赤字になってしまうかもしれません。ただ、その費用（投資）が、未来の収益につながっていけば、来期以降の損益計算書は再び黒字に戻っているかもしれません。短期間に区切って業績を表現してしまうため、損益計算書では、どうしてもタイムラグが生じてしまいます。そういう意味では利益は定点観測ではなく、経年比較にて確認すべき数値といえます。

投資の効果は、およそ3年以内には発生してくるはずですので、投資年度から3年以内の損益計算書は注意深く観察する必要があります。逆に、3期連続で赤字が続いてしまうようであれば、投資さ

れた内容が成果に結びついておらず、病院の健全性が損なわれて
いっている可能性があります。このように短期的なスパンで、病院
の運営の健全性を測定していくのが損益計算書の特徴といえます。
必ず継続的に確認してください。また、世の中の他の病院との比較
も定期的に実施してください。厚生労働省が発表している病院経営
管理指標を以下に掲載しておきます（表5-1〜4）。

表 5-1【病院経営管理指標（一般病院）】（出典：厚生労働省）

開設者												
病院種別	一般病院					一般病院					一般病院	
病床規模	50～99床					100床～199床					200床～299床	
	H26年度	H27年度	H28年度	H29年度	H30年度	H26年度	H27年度	H28年度	H29年度	H30年度	H26年度	H27年度
医業利益率	-1.3	0.5	1.3	-1.1	0.7	2.6	2.3	3.6	0.1	1.4	2.0	0.2
総資本医業利益率	1.0	4.7	5.6	0.0	0.8	4.7	4.4	3.7	0.5	1.2	1.9	-0.3
経常利益率	0.6	1.9	2.6	1.9	1.1	3.0	3.1	4.1	1.1	1.8	2.3	1.6
償却前医業利益率	3.1	5.9	5.0	3.6	4.1	7.7	6.4	8.6	4.8	5.6	7.2	5.3
材料費比率	17.9	16.8	18.2	16.9	14.6	16.7	16.9	17.2	17.5	17.1	20.1	22.4
医薬品費比率	10.0	8.9	8.7	7.7	7.3	9.1	8.8	7.6	7.5	7.2	9.2	10.9
人件費比率	55.0	52.9	55.5	59.9	58.5	56.4	57.5	56.1	58.7	59.6	53.6	51.5
委託費比率	5.5	5.8	6.0	5.8	5.4	5.4	5.7	5.7	5.5	5.5	5.3	5.0
設備関係費比率	8.3	7.8	8.2	7.9	8.2	8.8	7.8	8.6	9.7	7.8	9.0	8.2
減価償却費比率	4.3	4.2	3.9	4.3	3.7	5.1	4.1	4.8	5.3	4.6	5.2	5.1
経費率	8.6	8.6	8.8	8.9	8.5	6.9	7.7	6.0	7.1	7.6	7.1	6.7
金利負担率	0.9	0.7	0.5	0.4	0.5	0.8	0.7	0.7	0.6	0.6	0.7	0.7
総資本回転率	119.7	121.8	107.1	102.8	105.9	141.2	132.2	106.9	84.7	100.2	118.6	108.5
固定資産回転率	185.5	230.9	174.6	163.8	152.2	189.2	199.4	172.5	133.3	155.2	206.1	195.6
自己資本比率	37.7	36.6	50.0	46.7	44.3	21.1	27.7	36.5	29.5	30.6	27.7	22.1
固定長期適合率	91.9	64.9	76.6	67.2	76.3	93.8	87.5	91.2	82.0	87.2	83.1	79.7
借入金比率	41.1	43.8	37.5	38.8	32.3	37.8	41.7	33.3	59.6	51.4	54.5	65.7
償還期間	17.2	8.0	20.2	6.0	3.8	6.8	8.5	7.1	6.8	5.4	19.9	15.2
流動比率	278.5	322.5	360.1	281.6	196.2	282.2	300.7	299.5	273.5	162.2	469.2	275.5
1床当たりの固定資産額	13,302	12,115	11,095	13,669	13,818	11,949	12,915	14,016	17,793	13,686	15,032	18,557
償却金利前経常利益率	5.8	6.6	7.1	6.7	5.2	8.8	7.5	9.3	6.8	6.8	9.0	6.4
医師1人あたり給与	17,884	19,421	19,665	17,510	21,070	21,389	21,056	19,646	19,397	21,210	20,806	20,935
病床数	70.8	68.8	69.8	67.5	67.3	147.4	153.4	151.4	159.4	148.8	240.6	235.1
病院数	66	83	61	43	70	54	43	45	38	71	22	23

228

			一般病院					一般病院				
			300床～399床					400床～				
H28年度	H29年度	H30年度	H26年度	H27年度	H28年度	H29年度	H30年度	H26年度	H27年度	H28年度	H29年度	H30年度
2.4	-3.7	0.1	-2.1	1.1	1.8	5.9	1.9	-1.4	0.5	1.0	1.4	2.4
2.1	-2.5	0.1	-6.4	0.2	1.4	4.2	1.3	-0.2	0.8	1.7	0.8	2.0
3.5	1.4	2.5	-1.8	1.5	2.7	6.3	3.3	0.2	1.4	0.7	2.9	3.2
7.3	3.5	5.4	3.7	6.7	6.6	9.5	6.7	5.0	6.0	7.1	6.5	7.0
19.1	19.3	19.9	27.4	25.0	24.2	24.8	25.1	23.4	23.1	23.3	23.6	23.3
10.5	7.4	8.1	13.5	11.6	9.9	11.4	11.9	12.4	11.3	11.3	12.7	11.7
51.5	57.2	55.9	51.0	51.1	51.7	49.8	50.6	51.1	51.4	51.1	50.0	52.1
6.0	6.1	5.8	5.3	4.8	5.1	3.8	5.2	6.1	5.0	5.4	5.7	5.7
8.8	9.0	8.3	8.3	8.9	7.6	7.5	8.1	10.6	9.8	10.0	8.2	8.8
4.6	5.9	5.0	5.7	5.6	4.8	3.6	4.8	6.5	5.5	6.1	5.1	4.6
5.1	6.4	6.8	4.4	5.7	6.0	5.1	5.9	5.8	5.3	4.9	4.4	5.4
0.5	0.6	0.5	0.7	0.8	0.5	0.4	0.5	0.9	0.9	0.8	0.7	0.6
114.1	91.1	99.0	123.5	137.4	103.6	95.6	101.2	107.7	98.1	93.5	82.6	93.9
168.7	130.0	143.4	150.3	178.2	162.1	178.6	191.6	167.8	174.9	154.1	127.3	169.0
35.8	14.1	30.9	28.5	20.8	43.7	55.7	31.4	11.8	13.1	27.7	-0.3	28.3
73.4	92.2	89.0	200.8	75.1	90.7	74.6	77.6	154.5	188.5	100.9	80.7	74.5
41.7	44.0	44.2	22.8	73.2	33.9	21.8	52.2	49.9	48.5	50.6	56.2	46.9
9.5	6.1	3.9	2.5	9.7	4.9	5.2	6.0	15.7	12.3	13.1	11.3	7.8
245.1	201.1	145.2	147.2	260.7	249.9	235.6	192.4	200.2	198.2	280.5	114.9	184.6
13,235	20,835	16,941	20,571	18,710	19,182	18,315	16,695	14,977	14,491	17,342	18,082	17,111
8.7	5.9	5.9	4.6	8.0	8.8	10.2	7.6	7.6	7.7	7.6	8.7	8.4
18,846	21,536	22,614	20,621	19,681	14,410	15,537	14,584	19,810	15,183	13,134	12,147	15,276
244.8	233.6	238.2	343.8	337.0	339.4	342.6	336.6	546.5	522.2	529.9	615.0	469.6
17	12	28	14	17	11	7	19	12	9	9	3	8

表 5-2【病院経営管理指標（療養型病院）】（出典：厚生労働省）

開設者												
病院種別	療養型病院					療養型病院					療養型病院	
病床規模	50～99床					100床～199床					200床～299床	
	H26年度	H27年度	H28年度	H29年度	H30年度	H26年度	H27年度	H28年度	H29年度	H30年度	H26年度	H27年度
医業利益率	3.1	2.3	1.0	1.4	1.7	5.4	4.9	4.9	3.4	3.3	3.2	3.4
総資本医業利益率	2.2	1.6	1.5	1.2	-0.4	5.7	5.6	6.3	3.5	3.7	7.9	3.2
経常利益率	3.4	2.3	1.8	2.2	2.1	7.6	5.3	6.0	4.6	3.7	7.9	4.6
償却前医業利益率	6.8	5.5	5.2	5.1	5.0	9.1	7.7	8.1	6.7	6.5	7.3	7.9
材料費比率	10.3	10.2	9.5	9.5	10.3	8.1	8.1	8.6	7.6	7.4	9.5	9.9
医薬品費比率	5.4	5.9	5.4	4.5	4.8	3.4	3.4	3.6	3.2	3.1	5.0	5.4
人件費比率	59.2	56.2	61.0	61.2	59.0	59.9	58.5	60.3	65.0	62.3	61.0	51.6
委託費比率	5.4	6.0	6.5	5.2	5.4	6.3	5.7	6.7	5.2	5.3	8.0	5.7
設備関係費比率	7.7	7.5	7.7	8.8	7.4	8.1	7.6	8.6	7.8	7.9	8.0	9.6
減価償却費比率	3.6	4.6	3.7	5.0	3.6	3.6	3.5	3.9	3.2	3.4	4.1	4.1
経費率	10.1	11.5	9.1	9.0	9.4	8.8	9.1	8.1	8.1	8.2	9.2	7.2
金利負担率	0.8	0.7	0.6	0.6	0.6	1.0	0.7	0.6	0.7	0.6	0.7	0.4
総資本回転率	94.1	101.7	99.6	87.5	83.5	94.5	95.1	100.0	86.2	96.3	84.7	113.2
固定資産回転率	187.0	194.9	143.9	140.5	136.0	146.4	177.3	175.1	136.5	149.5	130.0	156.4
自己資本比率	48.4	51.6	52.7	52.7	54.1	53.5	60.0	52.5	54.2	52.0	52.0	71.0
固定長期適合率	67.8	70.5	96.8	71.7	76.8	72.1	65.3	77.1	70.8	72.6	79.3	107.9
借入金比率	45.0	66.2	58.2	37.3	53.8	53.6	48.2	42.0	38.1	42.7	33.4	31.5
償還期間	11.5	12.9	8.0	6.0	6.0	6.3	8.6	6.9	4.8	5.8	5.1	5.5
流動比率	765.4	481.8	388.5	255.7	265.0	534.9	642.9	469.1	367.5	293.1	592.2	519.0
1床当たりの固定資産額	6,241	7,571	7,512	8,330	10,042	6,388	6,386	5,518	7,290	6,687	5,984	5,798
償却前金利前経常利益率	7.9	7.5	7.1	7.9	7.1	12.4	8.9	10.3	8.6	7.9	12.7	9.8
医師1人あたり給与	20,361	19,162	16,683	13,338	19,279	19,747	20,916	18,747	15,288	22,297	24,112	17,006
病床数	73.3	70.9	74.8	70.7	70.8	140.3	146.5	146.1	144.1	135.7	235.4	254.8
病院数	61	62	32	38	34	53	48	40	28	39	18	1

			療養型病院					療養型病院				
			300 床〜 399 床					400 床〜				
H28 年度	H29 年度	H30 年度	H26 年度	H27 年度	H28 年度	H29 年度	H30 年度	H26 年度	H27 年度	H28 年度	H29 年度	H30 年度
7.2	3.3	2.8	-8.9	6.6	1.8	-2.7	1.2	12.9	6.7	11.2	11.0	8.0
11.0	3.7	1.9	-3.8	4.8	1.8	-1.5	2.6	20.9	12.6	10.0	3.5	1.8
7.9	3.5	5.1	6.7	7.3	2.3	-1.6	3.0	11.5	5.4	11.4	10.0	6.2
10.1	7.7	6.9	-3.0	10.3	5.7	0.6	4.3	14.9	8.7	13.4	13.0	9.9
9.5	11.0	9.2	12.8	9.6	12.7	5.9	9.0	8.7	9.9	6.6	9.9	8.8
4.6	5.8	3.8	6.6	4.3	4.9	2.3	5.0	3.5	4.9	2.1	3.4	3.1
58.0	58.5	60.9	67.4	64.6	70.7	61.6	61.6	54.5	59.7	59.1	58.3	59.7
8.0	3.9	6.8	6.1	3.3	1.6	8.1	5.0	5.8	5.8	4.8	4.7	4.9
8.3	8.3	8.9	8.5	6.6	7.7	11.8	5.1	7.9	7.1	3.6	4.3	3.1
2.9	4.5	3.2	5.9	3.7	3.9	3.4	3.2	2.0	1.9	2.2	2.1	1.9
6.4	11.3	7.8	12.1	5.4	5.1	10.9	7.0	6.5	6.5	8.0	4.6	5.6
0.3	0.5	0.6	0.7	0.3	0.0	0.1	0.2	0.7	0.5	0.3	0.4	0.2
120.7	86.8	92.2	64.7	77.5	97.7	71.3	58.1	160.2	144.8	80.9	43.6	142.7
167.6	151.5	141.2	113.5	155.0	117.6	116.7	169.9	351.7	285.1	121.9	129.9	238.8
51.5	44.9	48.7	24.0	85.7	95.4	68.3	41.3	93.2	78.2	75.7	86.4	74.0
84.7	76.1	86.9	65.2	57.3		70.7	27.3	81.0	75.1	82.1	91.2	54.0
14.8	50.3	29.1	57.7	33.1		9.3	13.2	14.3	17.0	15.5	14.4	4.6
2.3	4.3	2.9	5.8	2.6	0.0		1.4	1.8	-0.2	2.0	-1.4	-1.8
364.6	278.9	123.6	545.4	685.2	370.0	370.0	32.9	193.8	525.3	266.5	173.6	386.1
5,338	4,907	6,946	7,508	5,026	5,231	3,969	4,828	4,873	6,070	9,426	12,053	2,295
11.1	8.4	8.4	13.3	11.2		1.9	6.2	14.2	10.1	14.0	12.4	12.0
20,417	17,913	29,159	23,558	14,904	17,482	14,663	22,245	15,797	16,329	16,024	16,032	20,496
237.6	241.0	222.1	326.7	314.0	300.0	374.0	326.0	470.8	481.8	485.8	477.8	414.8
8	6	14	3	3	1	2	3	4	5	4	4	4

表 5-3【病院経営管理指標（精神科病院)】（出典：厚生労働省）

開設者										
病院種別	精神科病院					精神科病院				
病床規模	100床〜199床					200床〜299床				
	H26年度	H27年度	H28年度	H29年度	H30年度	H26年度	H27年度	H28年度	H29年度	H30年度
医業利益率	1.3	0.7	-0.8	0.5	2.4	3.5	3.0	3.4	2.6	1.9
総資本医業利益率	0.9	0.7	-2.5	1.5	1.3	2.4	1.7	4.5	2.0	1.9
経常利益率	2.8	2.1	0.6	2.3	2.8	4.8	4.1	4.9	4.1	3.9
償却前医業利益率	5.4	4.7	3.5	4.4	6.2	7.4	7.5	13.0	7.3	5.8
材料費比率	12.9	12.4	11.2	10.3	9.5	11.4	9.1	8.8	9.3	8.8
医薬品費比率	8.6	8.9	6.7	5.5	5.7	6.3	6.2	5.8	6.3	5.8
人件費比率	59.1	57.6	62.5	63.5	62.5	60.6	59.8	62.2	63.4	62.4
委託費比率	4.5	4.6	5.6	5.1	5.7	5.2	5.6	5.7	5.5	6.2
設備関係費比率	6.1	6.3	7.7	6.4	6.8	6.5	7.3	7.4	7.5	7.6
減価償却費比率	4.0	3.9	4.4	4.0	4.1	4.0	4.4	4.5	4.9	4.1
経費率	10.1	9.7	9.6	9.2	9.3	9.5	9.1	9.9	8.5	8.9
金利負担率	0.7	0.7	0.7	0.6	0.7	0.8	0.7	0.6	0.7	0.6
総資本回転率	82.8	96.7	92.7	83.8	83.6	78.3	83.0	69.6	70.8	82.0
固定資産回転率	155.4	179.6	162.8	130.9	131.5	135.3	129.1	102.9	125.7	132.9
自己資本比率	59.1	57.4	57.5	60.4	45.6	56.6	56.6	59.3	59.3	51.0
固定長期適合率	69.4	72.0	78.3	66.7	81.1	80.9	68.5	87.5	61.4	74.7
借入金比率	46.5	45.6	48.0	47.0	53.6	39.5	56.9	50.8	51.2	42.1
償還期間	7.8	11.1	13.8	8.1	4.4	10.6	8.6	7.0	6.8	5.7
流動比率	761.5	509.5	592.1	381.9	233.9	469.0	568.4	696.7	319.6	240.7
1床当たりの固定資産額	5,409	4,758	4,502	5,076	5,956	5,897	6,197	7,028	6,135	5,320
償却金利前経常利益率	7.6	6.2	4.8	8.2	7.7	9.5	9.2	11.3	9.2	7.9
医師1人あたり給与	19,807	18,072	18,971	18,535	16,240	17,943	18,387	18,047	17,614	18,143
病床数	149.2	149.9	152.0	161.9	153.8	244.0	246.4	247.8	241.9	234.9
病院数	37	45	33	31	36	40	33	22	23	43

精神科病院					精神科病院				
300 床～ 399 床					400 床～				
H26 年度	H27 年度	H28 年度	H29 年度	H30 年度	H26 年度	H27 年度	H28 年度	H29 年度	H30 年度
2.8	3.6	2.8	5.9	2.6	-0.5	4.0	6.3	3.2	4.6
2.3	1.3	2.1	4.4	1.9	-0.2	3.2	6.6	2.2	3.5
4.8	5.0	3.1	5.2	4.2	1.4	5.4	6.2	5.0	7.3
7.5	7.5	6.5	9.1	6.8	7.3	8.6	10.4	7.4	8.2
11.0	10.5	10.4	9.3	9.5	9.6	9.4	7.6	7.9	8.0
7.4	7.1	6.1	4.7	5.8	5.5	5.2	3.7	3.8	4.6
63.5	58.0	65.9	62.2	63.2	61.9	63.0	63.7	64.0	63.2
5.1	5.7	3.3	4.4	5.4	5.4	4.8	5.3	5.9	6.5
5.5	7.4	6.0	5.0	6.9	7.9	7.9	6.9	6.7	6.7
3.4	3.9	3.6	3.9	4.3	5.2	4.6	4.1	4.1	4.3
10.4	8.7	9.9	13.0	9.5	9.3	8.8	8.0	7.8	9.8
0.3	0.6	0.5	0.2	0.5	0.8	0.5	0.4	0.5	0.4
86.5	92.8	85.0	63.9	79.9	76.1	83.6	86.6	75.2	81.1
151.6	168.0	157.1	111.2	108.0	106.7	123.2	134.8	116.0	134.3
58.8	49.4	44.9	74.1	55.2	36.6	63.8	63.7	52.1	62.6
74.2	71.3	82.5	61.7	78.2	86.7	86.4	86.8	82.2	76.0
27.2	40.4	41.7	26.0	46.4	50.7	31.0	33.6	38.5	36.3
5.2	5.9	9.8	4.1	8.0	6.9	3.1	4.0	7.5	3.8
740.5	405.8	670.4	509.1	242.5	275.9	275.9	410.7	220.1	266.2
4,268	4,952	4,825	4,800	5,892	6,610	7,248	5,860	5,759	6,228
9.6	9.1	7.3	9.9	8.0	10.6	9.6	9.4	9.6	11.2
16,593	19,513	20,602	20,722	19,049	18,144	22,316	22,758	19,475	17,356
358.4	339.5	338.1	344.2	323.7	464.1	465.9	456.3	448.8	451.7
7	21	11	6	23	10	16	7	6	11

表 5-4【病院経営管理指標（ケアミックス病院）】（出典：厚生労働省）

開設者												
病院種別	ケアミックス病院					ケアミックス病院					ケアミックス病院	
病床規模	50〜99床					100床〜199床					200床〜299床	
	H26年度	H27年度	H28年度	H29年度	H30年度	H26年度	H27年度	H28年度	H29年度	H30年度	H26年度	H27年度
医業利益率	3.4	0.4	0.5	-3.2	0.3	0.7	1.6	1.3	0.6	0.4	3.7	4.8
総資本医業利益率	2.3	3.2	-0.5	-1.6	0.7	1.2	2.1	0.8	0.1	0.9	3.3	4.9
経常利益率	3.7	2.7	1.4	1.2	2.2	2.5	2.3	1.6	2.1	1.9	5.0	4.6
償却前医業利益率	7.7	3.3	3.5	1.7	4.3	5.2	6.0	5.1	3.8	4.7	8.5	8.7
材料費比率	14.6	14.0	13.7	12.8	14.7	13.1	12.5	12.8	12.2	12.2	14.6	13.3
医薬品費比率	8.3	8.0	7.8	7.3	7.5	7.1	6.4	6.9	6.5	6.0	7.3	6.7
人件費比率	57.7	51.6	60.5	62.6	59.9	58.6	59.4	61.3	63.0	61.3	58.5	58.7
委託費比率	5.2	5.8	5.5	6.1	5.6	5.2	5.4	5.5	5.6	5.7	5.0	5.0
設備関係費比率	8.1	6.8	7.3	7.3	8.1	8.8	8.2	8.5	8.8	8.3	8.8	7.2
減価償却費比率	4.2	3.1	3.4	4.1	3.7	4.4	4.5	3.9	4.1	4.1	4.8	3.9
経費率	9.4	10.0	9.8	11.0	9.1	8.9	8.1	7.7	7.3	8.0	7.1	8.4
金利負担率	0.7	0.7	0.6	1.0	0.5	0.9	0.8	0.8	0.5	0.6	0.7	0.5
総資本回転率	118.5	123.9	104.4	90.6	93.7	102.8	102.0	107.8	96.6	97.1	88.9	105.3
固定資産回転率	231.8	205.3	144.8	133.5	161.4	172.3	168.7	175.8	146.5	152.0	162.7	181.6
自己資本比率	32.4	52.2	40.7	30.4	38.8	36.7	37.4	30.2	44.3	39.7	35.0	40.8
固定長期適合率	79.1	77.3	83.9	81.2	69.4	83.8	73.8	107.6	73.7	79.7	75.6	76.4
借入金比率	49.2	41.6	51.4	53.3	37.7	47.1	56.9	50.3	37.3	45.2	52.3	50.3
償還期間	6.3	5.7	20.0	9.7	4.9	12.4	17.4	23.9	7.1	6.6	16.9	9.5
流動比率	352.7	356.8	350.8	279.9	217.1	415.5	414.4	350.6	237.5	185.3	443.1	284.6
1床当たりの固定資産額	7,992	7,362	12,061	11,519	9,299	9,052	9,327	9,012	8,950	9,889	9,682	7,881
償却金利前経常利益率	8.4	6.5	4.5	5.7	6.0	7.9	7.5	6.5	6.1	6.2	10.5	8.7
医師1人あたり給与	20,805	21,590	20,302	15,951	21,347	22,265	22,024	21,229	20,698	20,971	20,831	21,689
病床数	79.2	80.6	77.0	77.8	76.9	147.8	147.4	145.8	141.3	152.5	246.6	241.9
病院数	49	54	47	37	45	112	117	86	68	127	20	29

			ケアミックス病院 300床～399床					ケアミックス病院 400床～				
H28年度	H29年度	H30年度	H26年度	H27年度	H28年度	H29年度	H30年度	H26年度	H27年度	H28年度	H29年度	H30年度
6.8	6.7	6.0	5.5	1.5	-2.4	-2.0	2.6	0.1	3.9	4.6	11.8	7.0
7.4	4.3	4.3	7.0	1.4	-1.8	-2.0	2.8	2.9	5.1	6.5	4.5	1.5
7.1	5.4	4.4	5.8	2.2	-2.5	-0.4	3.5	0.6	3.6	4.3	7.4	5.3
10.3	8.8	9.8	9.8	6.3	3.7	4.2	6.8	2.8	7.6	8.9	12.6	9.0
12.3	12.9	12.3	13.9	11.9	16.1	9.8	11.8	10.4	16.7	8.0	11.8	10.7
7.1	6.5	6.1	7.8	7.4	9.6	4.4	7.1	5.6	8.3	4.3	5.5	4.8
59.5	61.9	60.4	58.6	64.2	61.7	67.9	63.0	60.7	54.4	60.0	57.8	61.1
4.0	3.0	5.0	5.9	9.1	6.5	7.5	6.9	6.6	6.2	6.4	3.8	5.9
7.4	8.5	7.6	7.4	8.2	8.5	9.0	7.6	6.5	8.1	7.5	8.5	5.9
4.3	5.2	4.4	4.3	4.6	6.2	6.2	4.2	2.7	3.7	4.2	1.0	2.3
6.2	5.5	6.2	6.7	5.0	7.7	5.6	6.7	8.6	7.0	8.0	8.3	7.9
0.4	0.4	0.5	0.9	0.5	0.7	0.7	0.4	1.0	1.2	0.4	0.2	0.5
95.9	91.6	92.6	109.4	133.8	91.2	96.2	97.1	118.1	95.4	102.6	94.9	86.5
176.7	149.0	153.1	156.2	133.3	116.8	136.7	138.1	142.3	119.3	122.8	226.2	181.7
53.7	46.3	56.7	62.6	31.7	18.7	-4.2	19.8	39.7	29.3	54.8	42.1	48.6
67.8	76.3	73.0	77.7	84.7	101.7	90.4	65.0	82.4	84.1	92.3	26.4	56.7
40.0	44.1	34.8	43.0	51.6	76.2	57.5	45.7	22.0	61.9	18.3	17.9	37.2
5.1	6.2	5.0	7.1	10.2	11.1	10.5	7.3	3.9	10.9	25.4	3.5	0.8
519.8	337.9	232.6	204.2	142.8	195.9	148.9	174.5	260.1	214.0	99.7	93.1	139.5
6,670	6,770	8,502	10,363	6,915	12,390	11,419	8,562	4,733	11,568	8,525	2,927	5,309
13.1	11.3	9.3	10.9	6.0	5.3	6.5	8.1	4.3	8.6	7.9	9.3	10.2
18,790	20,727	16,812	17,741	23,351	19,340	16,878	20,947	29,323	16,473	16,689	16,483	18,255
245.8	245.1	244.0	336.3	325.8	342.1	327.7	353.7	579.3	571.5	551.0	625.8	468.1
15	13	21	8	5	9	3	11	8	10	8	5	8

利益計画の立案

損益計算書は一事業年度における事業の成果＝利益を表現するということはすでに述べました。ここでいう利益とは、収益から費用を差し引きすることで算出されます。下記の計算式を再度、ご確認ください。

① 収益－費用＝利益
② 利益＝収益－費用

どちらも出てくる結果は同じですが、利益に対するとらえ方が異なります。①に関しては、利益はあくまでも出てきた結果だという考え方です。経理部門から上がってくる年間の利益金額は確定したものであり、変えることはできません。

一方、②に関しては、目標利益を確保するためにはどうすればよいかを念頭に計算しています。将来、1億円の投資を予定しているので、その投資を自己資金で準備するための利益を確保するには、いくら収益を計上しなければならないか、こういった目標や計画を考えるきっかけになります。スタッフからの要望でこれまでは何でも購入していた医療機器も、利益目標があれば、本当に購入してよいものか、他社でもっと安くて良いものがないかなど、検討する工夫が生まれます。この取り組みが、各部門に波及することで生まれる効果は、非常に大きなものになります。

ここでいう利益目標とは、個人の目標ではなく、病院という組織としての目標です。スタッフの昇給や賞与といったかなり短期的な目線のものから、医療機器のリプレイス、病棟の建替えといった中長期的な目線のものも含めて、これらを実現する利益を確保する

ためには、年間いくらの収益が必要か。場合によっては、費用（コスト）の削減も検討しなければなりません。

　また、年間という単位を月、日という単位にまで細分化することで、とるべき行動が明確になってきます。大切なのは、こういった目標を意識しながら日々の業務に取り組めるかどうかです。将来の投資費用をつくっていくために、どう収益を上げていくか、どう費用を削減していくか、こういった目標をもちながら、日々の業務に取り組むことは非常に大切になっています。

　一方で、現場に出向をしていた経験を踏まえると、未来投資のためだけに利益を使うということでは現場は回らないときがあります。そんなときは、利益＝0であってもいいのではないかとも思います。未来のための投資ではなく、「今使わなければならないものに使う」。こんな考え方もあるのではないかとも考えています。ただ、共通して言えることは、きちんとした利益の利用計画があること。なんのために利益を使うのか。なんのために、日々生産性を高め、無駄をなくしているのか。今一度、組織内で語り合ってもいいのではないでしょうか。

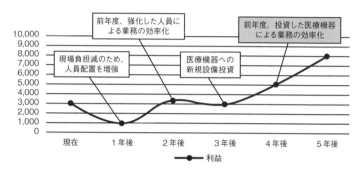

	現在	1年後	2年後	3年後	4年後	5年後
売上	50,000	53,500	56,300	58,000	60,500	63,500
材料費	5,000	5,300	5,600	5,800	6,000	6,300
人件費	25,000	30,000	30,000	30,000	30,000	30,000
減価償却費	3,000	3,000	3,000	5,000	5,000	5,000
その他費用	14,000	14,200	14,200	14,200	14,200	14,200
利益	3,000	1,000	3,500	3,000	5,300	8,000

3) キャッシュフロー計算書の分析

キャッシュフロー計算書の活用の仕方

さて、せっかくですので、キャッシュフロー計算書にも触れて
おきます。おそらく、決算という1年間に1度のタイミングで見か
ける程度の帳票だと思いますが、大変貴重な情報が含まれている計
算書になりますので、ぜひこの機会に扱い方をマスターしていただ
きたいと思います。

また、よく似た計算書として資金繰り表というものがあります。
違いだけ明確にするとキャッシュフロー計算書は過去の現預金の流
れを表す帳票です。資金繰り表は未来の現預金の流れを予測（把握）

するための帳票です。ここの違いは理解しておいてください。

　キャッシュフロー計算書は現金・預金の流れを表します。その
ため、損益計算書の利益と異なる結果が出てくることもしばしばで
す。利益＝現預金の構図にならないことがよくわかる計算書です。

　キャッシュフロー計算書は、以下の内容で構成されます。
営業活動 CF
医業活動（本業）による収入と支出の差額。
投資活動 CF
主に固定資産の取得や売却における資金の収支。設備投資の収
支はここに表示します。
フリーキャッシュフロー（FCF）
法人が事業活動で稼いだお金のうち、自由に使える資金額。営
業活動 CF ＋投資活動 CF の合計額。簡易的に「純利益＋減価償
却費」で示されることもあります。
財務活動 CF
主に借入金の増減（借入・返済）を表します。FCF の不足があっ
た場合、どのように補ったのかを表すことになります。

　キャッシュフロー計算書で、営業活動によるキャッシュフロー
を表すのには、直接法と間接法の2種類ありますが、その作成方法
などについては本書では割愛させていただきます。簡単に違いだけ
記述すると、直接法は医療サービスの提供や仕入、給料の支払い、
経費の支払いなどの主要な取引ごとにキャッシュフローを総額表示
する方法をいいます。
　間接法は、キャッシュの動きに関する部分（資産・負債科目の

増減）だけを計算する方法です。貸借対照表をベースに作成することができるのも特徴的です。

バランス型、積極型、危険型、よくばり型、過返済型の分析

キャッシュフロー計算書は損益計算書や貸借対照表と異なり、ベンチマークとなる指針が存在しません。「＋」か「－」か、だけで構成されます。

営業活動 CF	＋ or －
投資活動 CF	＋ or －
FCF	＋ or －
財務活動 CF	＋ or －

さて、自法人のキャッシュフロー計算書がどのような組み合わせになっており、それがどのような状態を示しているのか理解できるでしょうか。筆者がこれまでみてきたキャッシュフロー計算書を大きく5つのカテゴリーに分類してみようと思います。

■バランス型

営業活動CFの中に投資活動CF、財務活動CFが収まり、手元資金が増加している理想的な形。

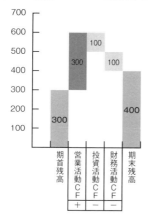

■積極型

営業活動CFを大きく超える設備投資を行い投資活動CFが大幅にマイナスとなっている。資金の目減り分を財務活動CFで補っている。恒常的に続く型ではなく一過性のもの。その後バランス型になる投資であるか検証が必要。

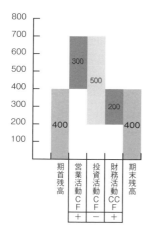

■危険型

営業活動 CF がマイナスであり、財務活動 CF で資金を補って運営をつないでいる危険な形。まず営業活動 CF をプラスにする必要があり、同時に金融機関に返済計画の相談も必要。

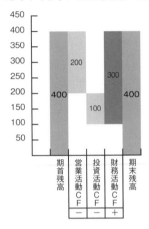

■よくばり型

営業活動 CF はプラスだが、投資活動 CF も、財務活動 CF もマイナスのため、資金が減少している。返済金額が多い間、一定の投資を我慢するなど、身の丈にあった事業計画が必要。

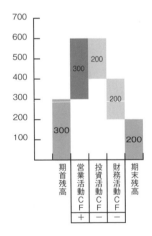

■過返済型

営業活動 CF に対して返済が多すぎる。もしくは、返済に対して、営業活動 CF が少ない。営業活動 CF を増加させる対策をとるか、金融機関に相談して返済額を減少させる。

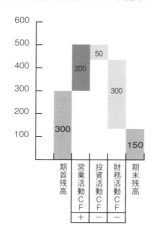

以上、おおよそこの 5 つのカテゴリーの中に分類されると思います。多少の大小の違いはあれ、ご自身の法人が一体、どのようなキャッシュの動きをこの 1 年間したのかをとらえるのに役立てていただければと思います。なお、このキャッシュフロー計算書につきましても、ぜひ時系列にとらえていただき、それぞれの期がどのような位置づけであったかを把握するために利用してください。

4）財務三表の分析

財務三表それぞれが与える影響

さて、これまで貸借対照表、損益計算書、キャッシュフロー計

算書と財務三表の分析方法を一緒にみてきました。それぞれが独立して判断できることも多いのがこれらの帳票です。しかし、財務三表がつながっている計算書である以上、これらから分析された結果もまた、つながっていることを理解してください。

　貸借対照表の状況が、結果として損益計算書やキャッシュフロー計算書に影響を与えていることがあります。損益計算書の良し悪しで、キャッシュフロー計算書に影響を与えていることもあります。以下は一体として分析した事例です。

　【貸借対照表】
　　・流動比率が200%を下回っている（47%）。
　　・固定長期適合率が100%を超えている（120%）。
　　・借入金比率が80%を超えている（100%）。
　　・自己資本比率が20%未満である（10%）。

　以上の結果から、他人資本に依存している体質であり、安全性が乏しい財政状態といえます。要因は新規投資の計画の妥当性が乏しかったのではないかと考えられます。

【損益計算書】

・新規投資に伴う費用の増加が損益構造を圧迫している。

・結果、本業での医業利益は赤字となっている（△ 4,000 千円）。

【キャッシュフロー計算書】

・減価償却費が 300,000 千円あり、営業活動 CF としては、キャッシュが生み出せている（200,000 千円）。

・投資活動および財務活動 CF が営業活動 CF より大きいため、よくばり型キャッシュフローとなっており、資金繰りが厳しいことが想定される。

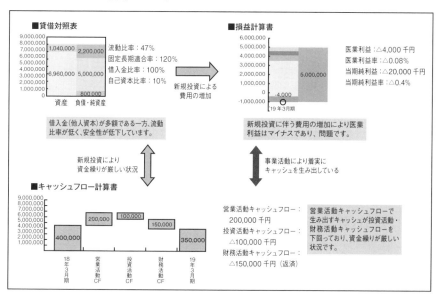

個別論点だけではなく、財務三表を図示し、それぞれの関連性から把握できる経営分析も重要であり、経営状態を俯瞰することにつながります。

5）損益（短期）視点の問題点

　第4章で、貸借対照表の重要性は感じていただけたと思います。多くの医療法人の経営者は経営成績だけに目が行きがちになり、貸借対照表、つまり財政状態についてはあまり気にされていなかったのではないでしょうか。損益計算書はあくまで一定期間における経営成績を表しているに過ぎません。一定期間の医業収益や医業利益を追求する行為は、長期的な視点で見た経営成績の成長と必ずしも同義とはなりませんし、一定期間の経営成績に一喜一憂し、財政状態に目を向けないことは、さらなる経営成績の悪化を招く結果にもなります。

　過去、外部環境が良好で一定の経済成長が保たれている場合には、毎期の経営成績のみに対して気をつけていても成長はできたと思います。実際に、過去、医療という業種は安定した経営成績を続けており、補助金等の国からの補助もあったことから、多少利益が圧迫されていたとしても、一般企業のように財政状態がひどく傷つくことはなかったと思います。また、利益に対する配当もないことから、内部留保も積み上がり、短期的な赤字になっていたとしても財政状態がすぐに悪化することも基本的にはありませんでした。銀行も医療という業種の特性上、一般事業会社に比べれば融資を実行しやすかったと思われます。

　その結果、長期的な戦略を練った活動というものが非常に乏しくなってしまったのではないでしょうか。

　これらのことは医療法人の長期的な成長や運営に多くの阻害要因を生じさせました。たとえば、大型の設備投資が行われても、すぐに目にみえる結果だけに一喜一憂し、設備投資の成果に対する定

期的なモニタリングは行われなかったのではないでしょうか。他に
も、短期的な利益を追求するあまり、逆に必要な設備投資が行われ
ない、職員への昇給をストップしてしまう、優秀な医師確保のチャ
ンスがあっても見送ってしまう、必要な保守委託費等を抑える、人
件費削減のため営業活動の人員を削減してしまう等々、やはり短期
的な視点で見た活動は必ずしも長期的な視点と同義にはなりませ
ん。

　また、損益視点の問題点は長期的な成長の妨げになるだけでは
ありません。損益の単位はあくまで貨幣ですが、その測定には会計
処理の採用、判断という恣意的な要素も少なからず介入します。た
とえば、病院であれば医業収益の計上方法が最初にあがるでしょう。
決算月の医業収益をレセプト金額で概算的に計上するか、通知書の
数値で計上するか、これだけでも利益に対する影響は異なってきま
す。会計には「利益は意見。キャッシュは事実」という言葉があり
ます。利益は出ているが思った以上に現金預金は貯まっていない、
改めて自法人の貸借対照表を見ると流動比率などの各種安全性の指
標が低い、と思われた方は多くいるのではないでしょうか。

　損益視点の弊害
　1 長期的な成長への妨げ
　2 財政状態を無視した戦略の実行

6）貸借対照表に目を向ける

　それでは損益視点からの脱却にはどうすればよいのでしょうか。
工夫すべき点はいろいろあるでしょうが、まずは自法人の貸借対照

表をご覧いただき、現時点の財務状況を、第4章を参考にしながら認識することが大切です。何度も申し上げるとおり、貸借対照表は過去からの積み重ね、今まで自法人が歩んできた成果がそこには写し出されています。毎月とまではいかなくとも、四半期か半年に一度はしっかりと貸借対照表の分析を行うことが重要になります。

　たとえ、今まで経営成績は黒字であったとしても、少し見方は変わってくるかと思います。分析の結果、投資効率がベンチマークよりも悪かった場合、経営成績は黒字であったとしても、そこには資産を最大限に活用できていないものがある、遊休資産となっているものがある、もしかして不良債権があるかもしれません。安全性に問題があった場合には、借入金や割賦未払金、リース債務について、規模に対して過度に実行しすぎているかもしれません。

　医療法人は、建物や高額な医療機器等、業種的にどうしても固定資産が重く、借入等も多くなる傾向があります。そのため、財政状態の管理においてはしっかりとモニタリングを行い、対策をする必要があります。また、余談にはなりますが、医療法人は利益の配当がない分、純資産も貯まりやすい傾向にあります。そのため、持分ありの医療法人の場合には、事業承継、相続対策についても、しっかりと顧問税理士と相談をして早めに解決策を練る必要があります。

7) 事例から見る問題点

　それでは、具体的な事例に基づいて、医療法人が陥りやすい財政状態悪化のケースについて紹介させていただきます。

　損益視点だけをもつことの弊害は前項でおわかりいただけたか

と思います。ここでは、そうした損益視点だけをもったことで陥ってしまった、財政状態悪化の事例を紹介します。消費税の増税や診療報酬改定への対応がうまく進まなかったなど、財政状態が悪化する要因は外部要因でも今後多く発生していきます。しっかりと内部の管理体制を構築するとともにそれらの対策を練り、自法人が同じような状況になっていないかチェックをしていきましょう。

1. 収支は黒字なのに資金繰りが苦しい ～収支でみる財政状態・経営成績～

　収支は黒字のはずなのに、どうも思った以上に現預金が貯まっていない、または資金繰りが苦しい、と感じられたことはないでしょうか。そこには損益計算書における、いわゆる費用と、実際の現預金の支出、定義の違い、認識（のタイミング）の違いが要因としてあります。

　まずはそこからご理解いただくためにも、固定資産（減価償却費用）を使った簡単な例で説明していきます。建物や医療機器などは長年にわたって使用されるものであり、１年で消耗されるものではありません。そのため、その使用に応じて少しずつ費用とすべきだと考えられています。そうでなければ病院建設の年などは大赤字になってしまいます。その分割された費用のことを減価償却費と呼びます。簡単に申し上げると、減価償却とは購入時に一度に費用とせず、毎年少しずつ費用に分けるという会計処理上の費用になります。つまり、必ずしも損益計算書上の費用と現預金の支出は一致しないのです。

図 A

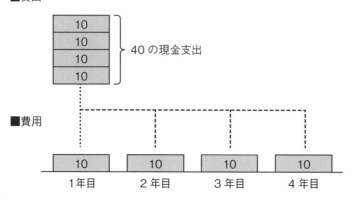

ここで実際にあった病院での事例を説明します。病院 A では、多少の変動はあれども、毎期安定した売上と利益を計上していました。建替え後 10 年が経過しておりますが、建物はとても綺麗で、稼動も悪くはありません。救急も行っているため、高額な医療機器の購入ももちろんありますが、しっかりとメンテナンスしながら無理のない範囲での購入に抑えています。そんな状況の中、理事長は、「どうも資金繰りが悪い、毎期利益は計上していたので、特に貸借対照表の方は気にしていなかったし、顧問の税理士も何も言ってこなかった。しかし、銀行と経理からの報告で、久しぶりに貸借対照表をみたところ、かなり現預金が少なくなっている」と気づきました。その時点で急いで窮境原因の把握とその対策を講じれば良かったのですが、理事長は、「もっとがんばって働いて稼動や単価を上げよう、収益が上がればきっと財政状態も上がるだろうし、しばらくは昇給も少し控えよう」とあまり気にせず、損益の回復だけに目を向けてしまいました。結果、がんばるだけで収益が劇的に伸びる

わけでもなく、昇給を控えたことから離職率も過去から比較して高まる結果になってしまいました。施設基準を守るために、募集をかけたことで求人会社へは多額の支払いが発生、さらなる財政状態・経営成績の悪化を招く結果となったのです。

　筆者がこの病院を初めて訪問し、簡易的に貸借対照表や損益計算書の時系列での推移や、資金繰り予測を作成したところ、資金ショートまでは約 1 年程度となっていました。

　詳細な窮境原因の分析を行ったところ、発見された原因は借入金でした。もちろん、取れるべき加算が取れていないなども少なからず見受けられましたが、一番の原因ではありませんでした。過度な借入を行っていたわけではありません。売上に占める借入金の割合も、低くはないものの、決して高い水準ではありませんでした。ではなぜか、借入金の無理な返済スケジュールの設定が問題としてあげられたのです。しかし、なぜそうなってしまったのか、原因は 2 つありました。

①　メインバンクの変更
②　損益視点だけの判断

①　メインバンクの変更

　理事長と事務長に借入時のお話を伺ったところ、メインバンクの変更が過去に行われていました。その際、借入金の返済スケジュールの見直しが行われ、現在に至ったとのことでした。急激な変更ではないし、利息も下がると、安易に意思決定がなされ、返済に問題はないと当時は判断されていました。

② 損益視点だけの判断

メインバンクが変更になり、返済スケジュールが変更になれば、通常は詳細に返済シミュレーションを行いそうなものです。しかし、変更当時は経営成績が順調であったことから、これだけ利益が出ているし、と資金繰りシミュレーションや事業計画などの立案をせずに、安易に決定されていました。つまり、経営成績（損益）だけの把握しか行われていなかったのです。

もちろん、返済計画や資金繰りシミュレーションはある程度差異が生じてしまうものですが、大きな問題なのは、貸借対照表のモニタリングがしっかりと行われていなかったことです。仮に毎期しっかりと貸借対照表における分析を行っていれば、少なくとも早い段階で安全性が低下している、要因はなぜかとなり、窮境原因だけは把握できたはずです。

■解決策

このような状況に陥らないためには、以下のような対応策が必要です。

① 貸借対照表に対するモニタリング
② 資金繰り計画または事業計画の作成

① 貸借対照表に対するモニタリング

やはり少なくとも年次での安全性分析には着手するべきでした。3カ年程度の安全性分析を行えば、ある程度事前に状況は察知できたはずです。たとえば、利益は出ているが、安全性の各種指標が低下している。詳細に中身を確認すると現預金が減少している。さら

に要因をさぐると、フリーキャッシュフロー以上に借入金の返済が
行われているなどです。

② 資金繰り計画または事業計画の作成

　資金繰り計画の作成や事業計画の作成も有効な手段になります。
ほとんどの医療法人がやはり過去の損益計算書をベースに、事業計
画や資金繰り計画を作成していることでしょう。借入金の返済スケ
ジュールは、借入時に把握できているため、現状の損益計算書を基
準に組み立てると、借入金の返済に利益が間に合わず、現預金が減
少傾向になっていることを作成時点で把握することができます。ま
た、債務償還年数を把握することも重要です。債務償還年数とは、
今の利益では借入金を返済するのにいったいどれくらいの期間がか
かるのかを示す指標になります。金融機関が融資先の分析をする際
に重要視している指標でもあります。逆に、あと 10 年で借入金を
完済するにはどれくらい利益が必要かを逆算することも可能になり
ます。債務償還年数が借入金の実際の返済年数を上回る場合には、
借入金の返済が利益を超過していることを示していますので、ここ
でも注意が必要になります。

　早い段階で当該事項に気づくことができれば、顧問税理士への
相談や内部での検討会など、打てる解決策や選択肢が広がります。
また、院内での解決策が難しい場合には、外部への相談等も早めに
行うことができます。

　今を知ることで、その先の展望が拓けます。目先だけではない
戦略が必要になってくるのです。

2．回収可能性を無視した設備投資の実施

〜割賦購入の恐ろしさ〜

　2つ目の事例は過剰な設備投資です。医療という特性上、特に救急医療を行っている病院では、固定資産の割合が非常に高くなってしまいます。医療機器の性能も日々向上していることから、使用年数の短期化も生じているのではないでしょうか。そのため、資産の購入頻度は高まっています。Ｂ病院では、高額医療機器の購入をする際は、割賦やリースでの購入を選択していました。割賦やリースは分割での支払いになるため、1回あたりの支払額はさほどでもありません。そのため、購入に際しては、医師からの要望を総務課が受け、理事長に稟議を回す。もちろん理事長は現場の医療の質がさらに充実するのであれば、反対せずに稟議を承認していました。しかし塵も積もれば山となるです。知らず知らずのうちに積みあがった割賦未払金は、現預金を徐々に減らしていきました。特に割賦未払金は、借入金に比べると質的にも量的にもあまり目立ちません。気づいたときには貸借対照表の流動比率は100％を切っていました。詳細に窮境原因を調べると、利益に対して借入金を返済できる余力はあるものの、割賦未払金の返済が多額に計上されており、追いつけていない状況でした。さらに悪い例では、わざわざリース契約を延長している（再リース）にもかかわらず、実際には倉庫で埃をかぶっている機器などもありました。

　ここで大きな問題点は、以下の点です。

　①現場の医師の意見を尊重するあまり、しっかりとした事前の検討を行わずに購入の意思決定がされていること。
　②購入に際して、購入価額の妥当性を検証できていないこと。

③有形固定資産の管理の行われていないこと。

④割賦支払金、リース債務の外部借入金としての総額管理、返済計画の管理ができていないこと。

■解決策

まず、①について、高額医療機器の設備投資に際しては、しっかりと事前の検討を行うべきです。たとえば、当該機器の購入によりどれくらい収益があがり、取得価額や保守等の購入後に発生する費用についても、十分に回収できる見込みであること。もちろん、病院としての使命は否定しませんし、損益度外視で対応しなければならないことはあると思います。その場合には、購入により生じる予定の赤字を、既存の利益でカバーすることが可能かどうかは検討すべきでしょう。経営が傾けば、地域住民に迷惑をかけることにもつながってしまいます。B病院では、以後の購入に際しては、購入規程を整備し、一定額以上の設備投資については、購買委員会での決議を諮ることになりました。購買委員会には、医師、経理、総務、理事など、多くの職種・役職の方が参加し、多角的な視点で検討を行うことができます。

また、②については、購入に際してしっかりと購入価額の検討が行われていないケースがありました。たとえば複数のディーラーに見積り依頼を行うことで、より機能の高いものを安価で購入できます。また、院内でもしっかりと、購入価額の妥当性について検証する必要があります（もちろん、金額的に重要なものだけでかまいません……）。院内での検討が難しい場合には、外部のアドバイザーに入ってもらうことも有効です。

③については、ほとんどの病院では、償却資産税の申告のある

年末に、固定資産の実査を行っていると思います。その際、しっかりと経理から有形固定資産のリストを現場に配布し、実査を行ってもらえば使用されていない不要な資産の把握やすでに除却済みの資産を把握することができ、無駄なリース料や償却資産税も削減できるでしょう。余談になりますが、監査法人の監査を受けている医療法人では、現物に固定資産リストに対応したコードナンバーをつけ、徹底したナンバリング管理を行っている医療法人もあります。

3. 医業未収金、未収金等の資産が回収されていない
　　～不良債権の存在～

　3つ目の事例が、回収可能性の乏しい医業未収金または未収金（以下医業未収金とする）の存在です。おそらく、かなり徹底した管理を行っていない限り、回収不能な医業未収金は多くの医療法人に存在していると思います。これがやっかいなのは、回収可能性が乏しい（実際は資産としての価値が乏しい）にもかかわらず、資産の一部を構成している点です。つまり、見た目上は流動資産に計上されていることから、貸借対照表における安全性分析を行ったとしても、当該事項は検出されません。医療法人は医業未収金のほとんどが、社保や国保に対するものであるため、回収不能になるリスクをあまり考慮していないのではないでしょうか。社保、国保以外の医業未収金は、主に個人に対する患者負担分です。3割が個人負担で、大抵は未収にならないケースが多いのですが、過去からの積み重ねがある分、金額は思った以上に残っていることも少なくはありません。今まで医業未収金を放置していた医療法人の方は、一度確認してみてください。

　社保や国保以外となると（あえて自賠責や労災はここでは除外

します）、前述のとおり、個人の方への債権になります。法人と異なり、個人への債権の回収は非常に難しく、費用対効果も悪いことから、思った以上に回収の難しい債権となる可能性があります。なんとか流動比率100％を保っていると思っていたが、回収可能性の乏しい医業未収金を除外して考えてみると、100％を切っていることも想定できます。

　当該債権については、一定の要件を満たせば、費用として計上することもできます。資金の流出もなく、費用にできることから、税務上の節税にもつながるかもしれません。この点の詳細については、ぜひ顧問税理士にご相談してみてください。

■解決策
解決策としては以下のことが考えられます。

①　貸借対照表分析
②　部門間の協同体制

①　貸借対照表分析
　やはり貸借対照表分析が有用です。経理内の手元にある資料だけで、ある程度の目処をつけることができますので、最初の一手として非常に有用なのです。ただ、先ほどは安全性分析では不十分だと言ったではないかと思われた方もいらっしゃるでしょう。貸借対照表分析は何も安全性分析だけではありません。投資効率性分析もあります。ここでは売上債権回転分析、または売上債権回転率を用いることが有用です。医業未収金が回収されずに貯まり、多額に計上され続けるほど、当該指標は悪化します。過去数年分の指標の推

移を見れば、こちらも判断できると思います。

　また、同じく棚卸資産の回転期間分析も有用になります。テーマとは離れてしまいますが、過剰な在庫保有をしていないかを判断できるため、病院における在庫状況を確認する上では非常に有用でしょう。

②　部門間の協同体制

　経理課を含め、総務課や医事課との連動は非常に大切なものです。経理の知りえる情報には限界があります。また、経理だけでは解決できない問題も多くあります。過剰な設備投資の事例などは端的にそれを示しています。回収可能性の判断についても、医事課からのデータが必要になるでしょう。経理課はまさに、管理部門の中心としての役割を担う必要があります。経理課が中心となり、協同体制の確立を目指すように心がけてください。

4. 見えない負債　〜引当金を把握する〜

　4つ目は第4章でも記載した引当金という会計上の負債による事例です。規模の大きい医療法人、社会医療法人等については、新たに医療法人会計基準の適用がなされていると思います。恐らく、当該会計基準の適用に伴い、もっとも影響が大きかったのは、退職給付引当金の計上ではないでしょうか。退職給付引当金の計上により、場合によっては債務超過に陥ってしまう医療法人もあったのではないでしょうか。

　詳細に入る前に、第4章「潜在的負債の把握」でも説明した引当金について再度簡単に説明をしたいと思います。引当金とは、将来発生する可能性のある負債で、当期までの要因に起因するものは、

負債として認識しましょう、というものになります。言葉で申し上げてもなかなか理解が難しいと思いますので、身近な賞与の事例でご説明します。

　賞与はだいたい夏と冬に支払われます。たとえば夏の賞与は 6 月に支給されるとします。しかし、6 月に入職された場合には、おそらくほとんどの医療法人ではその方に賞与は支給されていないのではないでしょうか。それは給与規程や賞与規程にて、夏の賞与に対する計算期間として、たとえば「10 月〜 3 月分に対する賞与を 6 月に支給します」、となっているからです。つまり、10 月〜 3 月の間に法人に所属して、勤務することで、賞与が支給されることになるわけです。その場合に、3 月決算であれば、3 月までに夏の賞与を支払うことの要因は発生しているのです。そうであれば会計上も、その分は費用として考慮しましょう、となっているのです。

　この退職金バージョンが退職給付引当金になります。退職金も、数年勤務している職員がいれば、支払義務は発生していることでしょう。今までは退職されたタイミングで、支払った分の金額を退職金として費用処理していただけでした。それをしっかりと将来発生する可能性が高いものとして、負債と認識することが、今回の退職給付引当金の内容になります。病院ともなると、働いている人数の規模は多いことでしょう。そうなると多額の引当金の計上が必要になります。今までみえなかった潜在的な負債が認識されるようになったことで、財政状態は非常に傷つくことになります。目先だけの経営ではない、しっかりと長期的な戦略をもった経営が必要になるのです。

おわりに

　組織（事業）には社会的役割があります。社会的役割とは社会の中で解決しなければならない問題を解決する機能を事業化しているということです。

　医療事業は病に侵された人々を元の元気な状態に戻すことや、病にならないように予防法を指導させることなど、健康というもっとも基本的な人間活動のベースを安定化するために、日々皆さまは医療経営をされています。この事業ほど社会貢献度が高いものはないといえるでしょう。

　社会的役割を果たすべく存在する医療事業者と、その利益を享受する患者との間には間違いなく高いレベルの信頼関係が初めから成立しているという特殊な事業体ともいえます。そうであれば健全な利益の確保はむしろ、『義務』であり『責任』であると考えます。

　今、私たちはコロナ禍という大きな課題に直面しています。さまざまな業界でこれまで行ってきた事業を大きく方向転換することが求められています。医療事業ではマネジメントやオペレーション面で、従来の手法の転換が必要です。

　本書では利益やキャッシュを確保するための考え方やノウハウを多くご紹介致しました。

　これまでの財務マネジメント手法の転換の機会となれば幸いです。

　本書の内容が、少しでも読者の皆さまの事業所の利益創出に寄与できることを願ってやみません。

参考文献・資料

『病院経営の健全化と継続性を創る財務管理体制　初版』

　　（株式会社 MAS ブレーン 2017 年 10 月 25 日刊）

日本管理会計学会　スタディ・グループ　『医療機関におけるマネジメント・シ

ステムの導入とその成果に関する研究』～第 7 章 日本の病院における財務的マ

ネジメント・システムの重要性－コンサルティングの現場視点での考察－～

（2019 年 11 月 21 日）

『「病院の業務」まるまる改善』　白濱伸也・大西弘倫 編著

　　（日本医療企画 2006 年刊）

『病院経営管理指標（平成 26 年度～平成 30 年度)』厚生労働省

本書執筆人

氏名	経歴
渡井　紳一郎	1999 年　明治大学法学部卒業 1999 年　日本経営ウィル税理士法人に入社。医療事業部（診療所を中心に累積 100 件以上対応）に所属。 2007 年　病院財務事業部異動（金融支援を含む病院再生事業を中心に 50 件程度対応）。 2013 年　東京財務会計部門立上げのため東京異動（東日本の病院事業再生、医療法人の事業承継、会計顧問を中心に 100 件以上対応、うち特定医療法人、社会医療法人、認定医療法人の組織変更は 30 件以上対応）。
藤原　ますみ	1991 年　同志社大学法学部卒業 1999 年　日本経営ウィル税理士法人に転職入社以来、ヘルスケア（クリニック、病院、社会福祉法人）の財務会計に従事。 2008 年　病院財務事業部へ異動 2018 年　病院財務事業部大阪の責任者として病院の財務、管理会計の導入を通じた経営改善の実務に従事。自社主催や公的機関主催のセミナー及び研修の講師も多数務めている。
上西　琢也	2009 年　金沢大学経済学部卒業 2009 年　日本経営ウィル税理士法人に入社。大阪本社病院財務事業部に配属。病院・診療所の税務顧問、コンサルティング業務として、中期経営計画の策定、計画実行支援、経営改善、管理会計（病棟（部門）別・診療科別・医師別・手術別原価管理）の導入支援及び運用指導（医師面談、部門長面談など）、管理職のマネジメント教育などを実施。自社開発した管理会計ソフト「MeDivision」の企画をメインで実施。また、書籍の出版の経験をもつ。 2016 年 4 月〜 2017 年 12 月 　　　　公的病院の本部へ出向：病院の建替え PJ、経営改善に従事。 2018 年 1 月〜 12 月 　　　　民間大規模病院グループへ出向：新規事業の PJ リーダー、経営改善に従事。

氏名	経歴
二木 亮士	2011 年　神戸大学経営学部卒業 2011 年　日本経営ウィル税理士法人に入社　MI 事業部 　　　　　（歯科診療所を専門に、主に、ライフプラン策定、経営コンサルティング業務などを実施）に所属。 2018 年　病院財務事業部異動 2019 年　病院の税務顧問及び財務コンサルティング業務として、税務コンプライアンス業務、月次予算実績検討支援、予算策定支援などを実施。
山本 忍	1995 年　京都産業大学経済学部卒業 1995 年　日本経営ウィル税理士法人に入社 2001 年　IPO 支援として出向 2007 年　病院財務事業部 立上げ 2009 年　社会医療法人に出向（経営企画室、財務部に所属し、中期計画の策定、管理会計、M＆A 支援）。 　　　　　現在は、日本経営ウィル税理士法人事業開発推進室に所属し、地域医療連携推進法人の設立支援、事業譲渡、合併支援、社会医療法人・特定医療法人の組織変更・顧問等を行う。
谷中田 和希	2012 年　中央大学商学部卒業 2016 年　公認会計士登録 2017 年　日本経営ウィル税理士法人に出向（税理士法人 アミック＆パートナーズより）大阪本社病院財務事業部に配属。 2019 年　株式会社日本経営に出向。大阪本社ヘルスケア事業部に異動。病院・診療所の税務顧問、事業再生、財務DD、中期経営計画の策定、計画実行支援に従事。

編著
日本経営ウィル税理士法人
病院財務事業部
日本経営グループの創業の母体、日本経営ウィル税理士法人の中で病院経営に特化したエキスパート集団、病院財務事業部。「税・財務・会計のコンサルティングを通じて経営の健全な発展に貢献すること」を理念に、病棟別・診療科別損益計算の導入支援、財務管理体制の再構築支援、中期短期の財務計画の策定支援、税務顧問、財務顧問、経営改善計画の策定、再生計画の策定、財務DD、M&A、財務研修等の支援業務を行っている。機能に優れた病棟別・診療科別損益計算のソフト、病院専用の財務計画策定ソフトは自社開発によるもの。現在全国にわたる顧問先病院の経営と運営をサポートし、堅実な病院経営の実現を支援している。

増訂版

病院経営の健全化と継続性を創る財務管理体制
—財がなくては事業は続かず、事業なくては人は育たず—

2021年3月25日　第1刷発行

編　著　日本経営ウィル税理士法人 病院財務事業部

発行人　平井昌俊

発行所　株式会社MASブレーン

　　　　本　　　社　大阪府豊中市寺内2-13-3 日本経営ビル　〒561-8510
　　　　出版事業部　東京都品川区東品川2-2-20 天王洲オーシャンスクエア22F　〒140-0002
　　　　　　　　　　TEL 03-5781-0600　FAX 03-5781-0599

印刷・製本　株式会社イデイ